팀워크의 부활

팀 × 워 × 크 × 의 부 × 활

실리콘밸리 최고의 경영 컨설턴트가 알려주는
팀이 빠지기 쉬운 5가지 함정

패트릭 렌시오니 지음 | 서진영 옮김

위즈덤하우스

**THE FIVE
DYSFUNCTIONS OF
A TEAM**

머리말

기업이 최고 수준의 경쟁우위를 유지해가는 힘은 탁월한 재무관리에서 나오지 않는다. 전략이나 기술에서 나오는 것도 아니다. 그 힘은 바로 팀워크에서 비롯된다. 그 이유는 팀워크가 매우 강력한 힘을 발휘하기 때문이기도 하지만, 실제로 뛰어난 팀워크를 보여주는 팀을 쉽게 찾을 수 없기 때문이다.

연 매출이 1조 원이 넘는 회사의 창업주인 나의 친구가 다음과 같은 이야기를 들려준 적이 있다. 나는 그 친구의 말이 팀워크가 무엇인지 가장 잘 보여준다고 생각한다.

"조직의 모든 구성원이 한 방향으로 노를 젓도록 만들 수만 있다면, 그 사람은 어떤 업종을 택하든 어떤 시장에 뛰어들든 모든 경쟁을 물리치고 최고의 승리자가 될 수 있을 것이다."

경영자 모임에서 이 명언을 들려주면 참석한 사람들은 하나같이 고개를 끄덕이지만 절망의 표정 또한 역력히 드러난다.

그들도 이 말이 진리임에 틀림없다고 생각한다. 그러나 실행이 거의 불가능한 현실 앞에 좌절하는 것이다.

팀워크의 희소성이 위력을 발휘하게 되는 이유도 바로 여기에 있다. 오랜 세월 동안 학자, 감독, 교사, 언론이 그토록 끊임없이 강조했는데도 대부분의 조직에서 팀워크는 좀처럼 잡히지 않는 신기루 같은 존재로 남아 있다. 게다가 한 가지 분명한 사실은 팀은 불완전한 인간들로 구성되어 있기 때문에 본질적으로 기능상의 함정을 갖고 있다는 것이다.

물론 그렇다고 해서 완벽한 팀워크를 이룰 수 없다고 말하는 것은 아니다. 전혀 그렇지 않다. 팀워크가 뛰어난 팀은 얼마든지 만들 수 있을 뿐 아니라 만드는 방법도 놀랄 만큼 단순하다.

뛰어난 팀워크의 달성은 이론적으로는 전혀 어렵지 않지만 실행에 옮기기는 그리 쉽지 않다. 팀원들이 까다로운 일련의 행동 규칙을 숙달해야 팀워크를 이룰 수 있기 때문이다. 팀을 와해시키고 팀원들 내에 파괴적인 정치역학을 가져오는, 너무도 개인적인 행동방식을 극복하는 조직만이 팀워크 성공의 단맛을 볼 수 있다.

이 책은 가상의 조직을 배경으로 이야기가 펼쳐진다. 나는 독자들이 이 책 속 스토리에 빠져들어 등장인물에게 감정이입이 될 때

메시지가 가장 효과적으로 전달될 것이라고 생각한다.

2부 '이론'에서는 탁월한 팀원을 가진 조직일지라도 빠지기 쉬운 다섯 가지 함정과 그곳에서 나오는 방법을 조금 더 상세하게 정리하고, 팀의 현재 상태를 진단하는 법과 지금 팀을 괴롭히고 있을지도 모르는 골칫거리를 극복하는 방안까지 함께 제시해두었다. 독자들이 자신이 속한 조직의 문제를 해결하는 데 도움이 되기를 바란다.

이 책은 CEO와 경영진이 함께했던 연구에 기초를 두고 있지만, 여기에서 제시한 이론들은 팀워크에 관심 있는 사람이라면 누구나 활용할 수 있다. 회사 내의 작은 부서를 이끌고 있는 사람이건, 단지 몇 가지 개선해야 할 여지가 있는 팀의 구성원이건 이 책의 이론을 현실에 적용할 수 있을 것이다.

혼자 하는 것 이상의 성과를 거두는 것, 그것이 바로 팀워크의 진정한 힘이다. 이 책의 모든 독자들이 그 힘을 깨닫게 되기를 희망한다.

차례

팀워크의 비밀

주식회사 디시전테크(DecisionTech)는 샌프란시스코 남부의 목가적인 고장 하프 문 베이(Half Moon Bay)에 있다. 행정구역상으로는 실리콘밸리에 속하지 않지만, 실리콘밸리가 꼭 지리적 공간만을 의미하는 건 아니라고 볼 때 디시전테크 역시 실리콘밸리의 세계에 속한다고 할 수 있다.

　디시전테크는 창업 당시 최고의 전문성과 경험을 보유한 회사였다. 역대 최고 연봉의 경영진과 나무랄 데 없이 탄탄한 사업계획을 갖고 있었으며, 신생기업에서는 감히 바랄 수 없을 정도로 최고 수준의 기술개발팀을 보유하고 있었다. 가장 신중하다고 소문난 벤처투자 회사들이 디시전테크에 투자하기 위해 줄을 섰으며, 재능 있는 수석 엔지니어들이 회사가 사무실을 임대하기도 전에 이력서를 내는 상황이 벌어질 정도였다.

디시전테크는 기술력을 위주로 한 신생기업의 평균 성장속도를 감안할 때 다른 회사에 비해 거의 2년이나 앞서 있었다.

그러나 콧노래를 부르며 처음 몇 달을 보내고 나자, 실망스러운 사건들이 연이어 터지기 시작했다. 중요한 마감기한을 어기는 일들이 생기고, 핵심간부 몇 명이 갑자기 회사를 떠나기도 했다. 사기는 떨어졌고, 디시전테크가 갖고 있던 수많은 장점들에도 불구하고 일련의 문제들은 눈덩이처럼 커져갔다.

임원들끼리의 상호비방은 이미 도를 넘어선 지 오래였고, 팀의 일체감이나 동료의식 같은 것은 찾아볼 수 없었다. 업무처리는 늘 지체되었고, 그나마 간신히 시간을 맞춰 처리한 일도 제대로 성과를 낸 적이 거의 없었다.

디시전테크는 실리콘밸리에서 가장 정치적이면서 가장 불쾌한 업무환경을 가진 회사 중 하나라는 평가를 받기에 이르렀다. 이사회는 이같은 상황을 더 이상 지켜보고만 있을 수는 없었다. 특히 2년 전, 그토록 화려하게 출발했던 걸 생각하면 더더욱 그랬다. 누군가는 이 혼란에 대한 책임을 져야 했다. 그리고 조직의 맨 위에 있는 사람이 바로 제프였다.

결국 회사 창립 2주년 기념식에서 이사회는 디시전테크의 최고경영자(CEO)이자 공동설립자인 제프 쉐인리에게 물러날 것을 요청하기로 뜻을 모았다.

놀랍게도 제프는 이사회의 해임 건의안을 받아들여 CEO의 자리에서 물러났다. 그는 장차 회사가 기업공개(Initial Public Offering, IPO)를 하게 되었을 때 예상되는 커다란 수익을 포기한 채 회사를 떠나고 싶지는 않았다. 실리콘밸리의 경제상황이 전반적으로 어렵기는 했지만, 디시전테크는 기업공개를 위한 모든 조건을 이미 다 갖추고 있었다.

150여 명의 디시전테크 직원들 중 어느 누구도 제프의 해임에 충격을 받지 않았다. 그들은 대부분 인간적으로는 제프를 좋아했지만, 그의 리더십이 지닌 한계 또한 알고 있었기 때문이다. 오히려 이사회가 그를 해임하기로 했다는 소식이 알려지자 사람들은 안도하기 시작했다.

그러나 3주 후 캐서린이 새로운 CEO로 고용되었다는 소식이 전해지자 회사는 다시 술렁이기 시작했다.

CHAPTER 01

능력 이하의 성적

**THE FIVE
DYSFUNCTIONS OF
A TEAM**

행운

캐서린 피터슨을 디시전테크의 CEO로 임명하는 게 좋겠다고 생각한 사람은 단 한 명뿐이었다. 하지만 그녀에게 정말 행운이었던 것은 그렇게 생각한 단 한 명이 바로 디시전테크의 이사회 의장이었다는 사실이다.

결국 캐서린은 불과 2년 전까지만 해도 실리콘밸리에서 가장 많은 사람들의 입에 오르내리고, 가장 자금조달이 잘되며, 가장 장래성 있는 신생기업 중 한 곳이었던 회사 디시전테크의 최고경영자가 되었다.

그러나 현재 그 회사는 전임 CEO가 해임된 지 채 한 달도 되지 않은 혼란스러운 상태였다. 캐서린은 잘나가던 회사가 어떻게 과

거의 영광을 한순간에 잃어버리고 그토록 짧은 기간에 추락해버렸는지 도무지 알 길이 없었다. 그리고 앞으로 다가올 몇 달 동안 자신에게 몰아닥칠 운명에 관해서도 전혀 알 수 없었다.

새로운 CEO

디시전테크의 경영진들은 캐서린의 어떤 점이 가장 큰 문제인지에 관해 의견의 일치를 보지 못했다. 왜냐하면 문제가 너무나 많았기 때문이다.

첫째, 캐서린은 나이가 많았다. 쉰일곱은 실리콘밸리의 기준으로 보면 너무 많은 나이였다.

둘째, 그녀는 첨단 산업 분야의 실무경험이 거의 없었다. 꽤 규모가 큰 첨단기술 업체인 '트리니티시스템즈(Trinity Systems)' 경영진으로 잠깐 재직했던 것이 고작이었고, 주로 자동차 생산업체 등 첨단기술과는 거리가 먼 기업체에서 근무했다.

셋째, 군이 나이나 경험을 따지지 않더라도 캐서린은 디시전테크의 문화에 왠지 어울리지 않는 사람으로 보였다.

그녀는 군복무를 하면서 사회에 첫발을 들여놓았고, 제대 후 지방의 고등학교 교사 겸 농구코치인 지금의 남편과 결혼했다. 아들 셋을 낳아 키우던 캐서린은 몇 년간 학생들을 가르치기도 했는데, 이때 자신 안에 있는 사업가 기질을 발견하게 되었다.

캐서린은 서른일곱이 되던 해에 3년제 경영대학원 야간 과정에 등록했다. 명문대는 아니었지만 우수한 성적으로 조기졸업한 그녀는 쉰넷의 나이로 은퇴할 때까지 15년간 여러 제조업체를 두루 거치며 경력을 쌓아나갔다.

누가 보아도 캐서린은 첨단기술 쪽과는 거리가 먼 블루칼라 경영자였다. 그 점은 디시전테크의 경영진은 물론 중간관리자들과도 뚜렷한 대조를 보였는데, 그들은 대부분 실리콘밸리 밖에서 일해본 경험이 거의 없었기 때문이다.

따라서 캐서린의 이력서를 받아본 이사회가 그녀를 디시전테크의 CEO로 고용하자고 제안한 의장의 정신상태를 의심한 것도 놀랄 일은 아니었다. 그러나 의장은 이사회의 반대를 물리치는 데 성공했다.

비록 제프의 경우는 실패했지만 의장은 사람을 보는 눈이 매우 정확한 사람이었다. 이사회는 의장이 같은 실수를 두 번 하지는 않을 것이라고 판단하고 한 번 더 믿어보기로 했다.

그러나 무엇보다도 지금 처한 디시전테크의 절망적인 상황 때문에 이사회는 마음을 움직일 수밖에 없었다. 의장은 상처투성이 회사에 들어와 현재와 같은 뒤죽박죽한 상황을 수습하는 일을 기꺼이 맡을 만한 능력 있는 경영자가 그리 많지 않다고 이사회를 설득했다.

"우리는 캐서린과 같은 유능한 리더를 영입할 수 있게 된 것에 감사해야 합니다."

의장은 자신이 잘 알고 있으며, 신뢰할 수 있는 사람을 고용하기로 결심했다. 그러나 그가 캐서린에게 전화를 걸어 이 일을 이야기했을 때, 불과 몇주 후면 자신의 결정을 의심하게 되리라는 사실까지는 알 수 없었다.

재능

의장의 영입 제안에 가장 놀란 사람은 당사자인 캐서린이었다. 물론 오랜 세월 동안 의장과 알고 지내온 사이였지만, 그가 자신을 경영자로서 그토록 높이 평가할 것이라고는 상상조차 하지 않았기 때문이다. 의장과의 인연 또한 남편이 코치로 근무하던 농구부에 그의 아들이 있었다는 게 전부였다. 캐서린은 세 아이의 어머니나 코치의 아내 외의 모습을 의장이 알고 있으리라고는 생각지도 못했다.

그러나 사실, 의장은 캐서린의 이력에 관심을 갖고 지난 몇 년간 그녀를 주의 깊게 지켜보았다.

캐서린은 5년도 채 안 되는 짧은 경력으로 샌프란시스코의 유일한 자동차 제조공장인 미일 합작투자 기업의 최고경영자가 되었다. 그녀가 CEO로 있는 10년 동안 회사는 호황을 누렸으며, 미국에서 가장 성공적인 합작기업 중 하나가 되었다.

의장은 자동차 산업에 대해서는 거의 알지 못했지만, 한 가지는 확실하게 느낄 수 있었다. 그것은 바로 삐걱거리는 디시전테크의 고장 난 부위를 캐서린이 완벽하게 수리해낼 것이라는 믿음이었다.

그녀에게는 부서진 팀워크를 부활시키는 데 천부적인 재능이 있었다.

불만

캐서린의 CEO 취임이 발표되었을 때 디시전테크의 임원들이 느낀 첫인상은 약간의 의구심 정도였다.

그러나 새로 부임한 리더가 CEO라는 직무를 수행한 지 불과 2주 만에 의구심은 심각한 걱정으로 바뀌고 말았다.

그것은 캐서린이 물의를 일으켰거나 사람을 잘못 채용했기 때문이 아니었다. 문제는 그녀가 거의 아무런 일도 하지 않았다는 데 있었다.

부임 첫날의 간단한 환영회와 직속으로 있는 임원들과의 개별 면담을 제외하면 캐서린은 이렇다 할 일을 하지 않았다. 그녀는 단지 회사 안을 이리저리 돌아다니거나 직원들과 수다를 떨고, 시간이 허락하는 한 많은 회의에 참석하여 조용히 앉아 있는 데 대부분의 시간을 썼다.

게다가 제프에게 계속해서 임원 회의를 주재해달라고 부탁했기 때문에 임원들의 불만은 이만저만이 아니었다. 오히려 캐서린은 회의 시간에 한쪽 자리에 앉아 열심히 듣고 받아적기만 했다.

부임 후 처음 몇주 동안 캐서린이 한 유일한 '업무'는 앞으로 몇 달간 1박 2일 일정의 임원 사외 워크숍을 나파밸리(Napa Valley)에서 정기적으로 개최한다고 발표한 것뿐이었다. 그러나 임원 중 어느 누구도 처리해야 할 업무가 산더미처럼 쌓여 있는 상황에서 캐서린이 뻔뻔스럽게 자신들을 사무실 밖으로 며칠씩 데리고 나갈 수 있으리라고는 믿지 않았다. 게다가 캐서린은 누군가가 첫 번째 워크숍에서 논의할 구체적인 토론주제를 제안하자 일언지하에 거절해버렸다. 이미 자신이 정해놓은 일정표를 갖고 있었던 것이다.

캐서린이 보여준 일련의 기이한 행동을 보고받은 의장은 내심 놀라지 않을 수 없었고, 약간은 맥이 풀렸다. 의장은 만일 그녀가 제대로 해내지 못한다면 자신도 캐서린과 함께 이사회를 떠나야 할지도 모른다고 생각했다. 그리고 그런 일이 현실로 다가올 것만 같은 느낌은 이제 시작에 불과했다.

관찰

캐서린은 2주 동안 디시전테크의 문제를 관찰하면서 의장의 제안을 수락한 것이 과연 잘한 결정인가 매순간 고민했다. 그러나 이번 기회를 놓치면 또다시 자신에게 이런 기회가 오지 않을 것이라는 사실 또한 잘 알고 있었다. 은퇴 후의 나른한 생활은 생각할 수도 없었을뿐더러 도전하는 것 외에 그녀를 흥분시키는 것은 아무것도 없었다.

물론 디시전테크는 다른 의미에서 그녀를 긴장시켰다. 캐서린은 살면서 단 한 번도 실패를 두려워한 적이 없었지만, 지금은 자신을 믿고 추천한 의장의 운명까지 좌지우지할 수도 있었기 때문에 약간 떨렸다. 게다가 가족과 친구들이 보는 앞에서 그동안의 평판에 오점을 남기고 싶지도 않았다.

군생활을 무사히 마치고, 사내아이를 셋이나 키운 캐서린은 피 말리는 농구시합을 수없이 지켜봤을 뿐 아니라 노조와의 갈등도 잘 해결해왔다. 이처럼 당찬 여성이었기 때문에 캐서린은 악의 없는 직원들 앞에서 겁먹을 이유가 없다고 굳게 마음을 다졌다. 그녀는 이사회가 자신에게 충분한 시간과 여유를 준다면 디시전테크를 탈바꿈시킬 수 있다고 믿었다.

캐서린은 또한 소프트웨어 산업에 대한 적은 경험도 오히려 장점이 될 수 있다고 생각했다. 임원들을 지켜본 결과, 자신들이 갖고 있는 기술 지식으로 인해 오히려 머리가 굳어버린 것 같았다. 임원들은 마치 자신들이 직접 나서서 프로그래밍도 하고, 디자인도 해야 할 것처럼 생각했다.

캐서린은 잭 웰치가 GE를 성공적으로 이끌기 위해 토스터 제조전문가일 필요는 없으며, 허브 켈러허가 사우스웨스트항공을 세우기 위해 평생을 비행기를 타면서 보낼 필요는 없다는 사실을 잘 알고 있었다. 그녀는 현재의 지식만으로도 수렁에 빠진 디시전테크를 건져내기에 충분하다고 생각했다.

그러나 캐서린은 디시전테크의 경영진이 갖고 있는 문제점에 대해서는 미처 생각하지 못했다. 물론 그녀가 겪어본 적이 없는 방식으로 그들이 도전해올 것이라고도 예상하지 못했다.

스태프

직원들은 디시전테크의 임원들을 그냥 '스태프'라고 불렀다. 아무도 그들을 하나의 팀으로 보지 않았다. 그리고 직원들이 그렇게 보는 데는 그럴 만한 이유가 있었다.

뛰어난 지능과 학력의 소유자라는 그들이 임원 회의 때 보여준 태도는 캐서린이 그동안 보아온 그 어떤 회의보다 못했다. 드러내놓고 적의를 나타내거나 동료에게 꼬치꼬치 따지지는 않지만, 그 이면에는 불만과 긴장감이 팽배해 있었다. 토론은 느리고 지루했으며, 실질적인 의견교환은 거의 이루어지지 않았다. 회의에 참석한 사람들 모두 회의가 빨리 끝나기만을 기다리는 게 빤히 보였다.

그러나 한 팀으로선 엉망이었던 것에 비해 그들 한 명 한 명을 따로 떼어놓고 볼 때는 모두 선의를 가지고 있는 합리적인 사람들 같았다. 물론 몇몇 예외도 있지만 말이다.

제프(Jeff)_전임CEO, 사업개발

실리콘밸리 내의 네트워킹을 중요하게 생각하는 제프 쉐인리는 원래 재능과 능력이 많은 인물이었다. 제프는 창업 초기에 상당한 규모의 벤처 투자자금을 확보하고, 현재 근무하고 있는 대다수의 임원들을 끌어모았다. 따라서 자금과 인재 확보에 관한 한 누구도 그의 공적을 부인할 수 없었다. 그러나 회사 경영에 관해서는 이 야기가 달라진다.

제프는 마치 총학생회장이라도 된 것처럼 틀에 박힌 절차에 따라 임원 회의를 진행했다. 그는 회의를 하기 전에 늘 의사 일정표를 만들어 나눠주었다. 또 회의가 끝나고 나면 상세한 회의록을 작성해 배포했다. 다른 첨단기업들의 회의와 달리 제프가 주재한 회의는 언제나 정시에 시작해서 예정된 시간에 정확히 끝났다. 문제는 그토록 융통성 없이 회의가 진행되면서 제대로 처리되는 일이 하나도 없다는 사실이었다.

처음에 캐서린은 제프가 자신을 원망하지는 않을까 걱정했다.

그러나 제프가 완전히 쫓겨나지 않은 것에 안도하고 있으며, 경영의 막중한 책임에서 해방된 것을 오히려 홀가분해하고 있다는 사실을 곧 알게 되었다. 캐서린은 제프의 존재를 전혀 신경 쓰지 않았으며, 제프 역시 그 편이 마음 편할 것이라고 생각했다.

마이키(Mikey)_마케팅

이사회는 무슨 일이건 열심히 찾아다니는 마이키가 디시전테크의 핵심업무인 마케팅을 맡게 되어 무척이나 기뻐했다. 마이키는 브랜드 구축의 천재로 실리콘밸리에서 명성이 자자했다. 그러나 세간에 알려진 평판과 달리 그녀는 기본적인 예의범절이 결여되어 있었다.

  마이키는 회의 시간 동안 다른 사람들보다 말을 많이 했는데, 간혹 번뜩이는 아이디어를 내놓기도 했지만 그보다는 전에 다니던 회사가 디시전테크보다 얼마나 좋았는지를 늘어놓는 경우가 훨씬 많았다. 어찌 보면 그녀는 새로운 회사에 적응하지 못하는 희생양으로 비쳐졌다. 그러나 사실 마이키는 방관자에 불과했다. 그녀는 동료들과 논쟁을 벌인 적은 없지만, 자신이 제안한 마케팅 안에 누군가 반대라도 하면 모두가 알아차릴 정도로 경멸의 시선을 보냈다.

캐서린은 마이키가 다른 사람들이 자신을 어떻게 생각하고 있는지 눈치채지 못하고 있다고 결론 내렸다. 알면서도 그렇게 행동할 사람은 아무도 없을 것이기 때문이다. 따라서 뛰어난 재능과 성과에도 불구하고 마이키가 임원들 가운데 가장 인기가 없다는 사실에 캐서린은 전혀 놀라지 않았다.

마틴(Martin)_기술개발

창업 멤버인 마틴 길모어는 디시전테크의 발명가라고 불릴 정도로 기술개발에 뛰어났다. 그는 회사가 개발한 대표적인 제품의 시안을 설계했다. 실질적인 제품개발에 다른 사람이 더 많이 공헌했어도 경영진은 마틴이 왕관의 보석을 지켜주는 사람이라고 말하곤 했다. 마틴은 영국인이었기 때문에 그 비유는 적절해 보였다.

마틴은 첨단기술에 관해서만큼은 실리콘밸리에서 가장 많이 알고 있다고 자부했다. 그는 버클리 대학과 케임브리지 대학에서 석사와 박사 학위를 받았으며, 기술개발 회사의 수석 엔지니어로서 큰 성공을 거둔 화려한 경력의 소유자다. 그가 디시전테크의 인적자원을 이야기할 때 가장 처음으로 손꼽힐 만한 인재임은 틀림없는 사실이다.

마이키와 달리 마틴은 임원 회의를 혼란에 빠뜨리지는 않았다.

왜냐하면 그는 회의에 적극적으로 참여한 적이 거의 없기 때문이다. 마틴은 회의 시간에 자신의 노트북을 켜놓고 이메일을 확인하거나 그와 비슷한 어떤 일을 하느라 온통 정신을 쏟았다. 마틴이 입을 여는 순간은 누군가 사실에 관해 잘못 말했을 때뿐이었다. 그리고 대개 그런 경우에는 빈정거리는 말투였다.

처음에는 동료들도 마틴의 그런 태도를 그럭저럭 견뎌냈고 오히려 재미있어 하기도 했다. 그들은 마틴의 뛰어난 머리를 두려워하는 것 같았다. 그러나 시간이 흐르면서 마틴의 행동에 점차 동료들은 초조해졌다. 그리고 최근 회사상황과 맞물려 마틴의 태도는 동료 임원들의 신경을 거슬리는 불만의 씨앗이 되었다.

제이알(JR)_영업

사람들은 영업부서의 책임자 제프 롤린스를 제프 쉐인리와 혼동하지 않기 위해 제이알이라고 불렀다. 그는 자신에게 붙은 새로운 별명을 꽤 재미있어 했다. 다른 임원들보다 약간 나이가 많은 40대 중반의 제이알은 경험 많은 세일즈맨이었다. 제이알은 무례한 행동을 하는 법이 거의 없었으며, 경영진이 자신에게 요청하는 일이라면 무엇이든 동의했다.

그러나 불행하게도 제이알은 자신이 맡은 일을 끝까지 해내지

031

못했다. 빈손으로 돌아와 지키지 못할 약속이었음을 시인할 때마다 그는 자신이 실망시킨 사람들 앞에서 언제나 대범하게 사과하곤 했다.

제이알의 이런 행동을 두고 이런저런 말이 많았지만, 그래도 동료들은 그를 꾸준히 존중했다. 디시전테크로 오기 전 제이알은 영업 경력을 통틀어 분기 실적을 채우지 못한 적이 단 한 번도 없었기 때문이다.

카를로스(Carlos)_ 고객지원

───────

현재 디시전테크는 비교적 적은 수의 고객들을 상대하지만, 이사회는 앞으로의 성장에 대비해 고객서비스 부문에 대한 투자 의지를 강하게 갖고 있었다. 카를로스 아마도어는 이사회의 의지에 따라 영입해온 인물로, 마이키의 소개로 입사했다. 과거 두 군데의 회사에서 함께 근무한 마이키와 카를로스는 그러나 성격은 매우 달랐다.

카를로스는 말수가 적은 편으로, 어쩌다 한 번씩 매우 중요하고 건설적인 제안을 내놓는 스타일이었다. 그는 회의 도중 집중하여 경청했고, 업무가 많아 퇴근이 늦어지더라도 불평없이 열심히 일했다. 그리고 누군가 자신의 성과를 물을 때면 늘 겸손한 자세로 말했다. 카를로스는 임원들 가운데 진정으로 신뢰할 만한 사람이었다.

캐서린은 자신의 경영진 중 최소한 한 명에 대해서는 걱정하지 않아도 된다는 사실에 깊이 감사했다. 다만 한 가지 문제가 있다면 그의 구체적인 역할이 아직 완전히 자리 잡히지 않은 점이었다. 그러나 카를로스가 고객지원뿐 아니라 책임소지가 분명치 않은 여타의 내키지 않는 직무들까지도 기꺼이 나서서 해준 덕분에 캐서린은 좀 더 시급한 현안들에 초점을 맞출 수 있었다.

얀(Jan)_자금관리

디시전테크의 사운은 최고재무관리자(CFO)의 역할에 달려 있다고 해도 과언이 아니었다. 회사가 기업공개를 계획하고 있다면 더더욱 그럴 수밖에 없다. 얀 머시노 역시 회사에 합류할 때부터 자신의 역할을 잘 알고 있었다. 그녀는 제프가 엄청난 규모의 자금을 모집할 때 제프를 지원하며 결정적인 역할을 수행했다.

얀은 매우 꼼꼼했다. 그녀는 자금관리 분야에 대한 자신의 지식에 자부심을 갖고 있었고, 회사 자금을 자기 돈처럼 매우 소중히 다루었다. 이사회가 제프와 임원들에게 경비 지출에 대해 제한을 두지 않았던 것도 얀이 알아서 잘 해줄 거라는 믿음이 있었기 때문이었다.

닉(Nick)_운영총책임

_____

닉 파렐은 미국 중서부에 위치한 대규모 컴퓨터 제조업체의 부사
장을 역임하며 현장지휘를 맡았었고, 지금은 디시전테크에 오기
위해 가족과 함께 캘리포니아로 이주했다. 그러나 불행히도 그가
맡은 업무영역은 경영진 중 가장 불분명했다.

닉은 공식적으로 최고운영책임자(COO)이지만 그건 단지 입사
제의를 수락하는 조건으로 그 직함을 요구했기 때문이었다. 제프
와 이사회는 스타 경영인을 고용하는 데 중독되어 있었고, 닉이
자신의 화려한 경력에 걸맞게 업무를 수행한다면 COO가 되더라
도 문제가 없을 것이라고 판단했다.

CEO로서 제프의 한계가 드러난 상황에서 닉은 디시전테크의
성장에 꼭 필요한 돌격대 역할을 해야 했다. 그 역할에는 회사 운
영상의 기본 하부조직을 구축하고, 사무실 개설을 해외로 확장하
고, 회사의 이윤증대와 화합을 선도하는 것까지 포함되어 있었다.
그러나 그 일들이 대부분 보류상태에 있었기 때문에 닉은 직장생
활에서 큰 의미를 찾지 못했다.

하지만 닉은 드러내놓고 불만을 터뜨리지는 않았다. 오히려 때

로는 속이 들여다보이는 얄팍한 행동일지라도 동료들과 좋은 관계를 만들기 위해 노력했다. 그는 사실 동료들이 자신에 비해 열등하다고 생각했다. 게다가 어느 누구에게도 속을 내보인 적은 없지만, 회사 내에서 CEO가 될 만한 사람은 자신뿐이라고 생각했다. 그리고 캐서린이 부임한 현재의 상황은 그의 생각을 꽤나 빨리 가시화시킬지도 모를 일이었다.

CHAPTER 02

불을 붙이다

THE FIVE
DYSFUNCTIONS OF
A TEAM

한 통의 이메일

캐서린에게 온 한 통의 이메일은 그녀가 디시전테크에 부임한 후 매일같이 받아오던 수많은 메일과 전혀 다를 바가 없어 보였다. '다음 주 고객 확보 기회'라는 메일 제목도 오히려 긍정적으로 여길 만했다. 특히 그 메일이 수석 엔지니어인 마틴에게서 온 것임을 고려할 때 더욱 그랬다. 다만 그 메일이 캐서린 한 사람만이 아니라 임원 전체에게 일괄 전송되었다는 사실이 불길한 예감을 가져다줄 뿐이었다.

방금 ASA산업의 전화를 받았는데 다음 분기 구매 건으로 우리 제품을 검토하고 있다고 합니다. 좋은 기회이므로 제이알과 함께 다음 주에 그들을 만나러 갈 것입니다. 다음 주 화요일에 돌아올 예정입니다.

마틴은 임원 사외 워크숍과 스케줄이 겹치는 것에 대해 한마디도 언급하지 않았다. 워크숍의 첫날과 그 다음 날 일정의 절반 이상을 참여하지 않아도 되는지에 대해 양해를 구하지도 않은 채 통보하듯 이메일을 보낸 것이다. 마틴이 그럴 필요를 못 느꼈거나 그 문제가 전체 임원들과 함께 논의해야 할 성격이 아니라고 판단했기 때문일 수도 있다. 캐서린은 사실이 어느 쪽인가는 중요한 문제가 아니라고 생각했다.

그녀는 마틴과 직접 대립하지 않고 답장 메일로 해결하고 싶은 유혹을 꾹 참았다. 캐서린은 이번 일이 CEO로서의 진정한 면모를 보여줄 첫 번째 순간이 될 것이라고 생각했다. 진실의 순간은 얼굴을 맞대고 있을 때 가장 큰 효과를 발휘하는 법이다.

캐서린이 마틴의 사무실에 갔을 때 그는 문을 등지고 앉아 이메일을 확인하고 있었다. 사무실 문이 열려 있었기 때문에 그녀는 성가시게 노크 따위는 하지 않았다.

"실례해요, 마틴."

마틴은 꾸물거리며 몸을 돌렸다.

"지금 막 당신이 보낸 이메일을 확인했습니다."

그는 고개를 끄덕였다.

"ASA산업에 관한 건은 정말 좋은 소식이에요. 하지만 그 약속을 며칠 뒤로 미뤄야겠습니다. 우리 워크숍이 있잖아요."

마틴은 굳은 표정을 지으며 잠시 동안 아무 말도 하지 않았다. 그러다 감정이 드러나지 않는 투박한 영국식 억양으로 대꾸했다.

"상황을 제대로 이해하지 못하고 있다는 생각이 드는군요. 이건 기회예요. 가능성이 높은 훌륭한 판매 기회라고요. 일정을 다시 짤 수 있는 문제가 아니라……."

캐서린은 사무적인 어투로 마틴의 말을 끊었다.

"아니요, 나도 잘 알고 있습니다. 하지만 내 생각에 그들은 별다른 이의 없이 다음 주까지 기다려줄 겁니다."

대놓고 반박을 당해본 경험이 별로 없는 마틴은 가벼운 흥분상태에 빠졌다.

"당신은 '나파 워크숍'에만 관심이 있는 것 같군요. 지금 우리 회사의 우선순위가 무엇이라고 생각하십니까? 우리는 시장에 나가서 뭐든 팔아야만 합니다."

캐서린은 숨을 크게 들이마시며 불만을 감추려는 듯 미소를 지어 보였다.

"나는 이 시점에서 오직 한 가지 사실만이 중요하다고 생각합니다. 그것은 바로 우리가 팀으로서 함께 행동해야 한다는 것이지요. 그렇지 않다면 그 어떤 것도 제대로 팔지 못하게 될 겁니다."

마틴은 아무 말도 하지 않았다. 어색하게 몇 초가 흐른 후 캐서린이 말했다.

"다음 주에 나파에서 당신을 보는 걸로 알겠어요."

그녀는 사무실 문 앞에서 마틴을 돌아보며 말했다.

"아, 참! 혹시 ASA산업과의 날짜를 조정하는 데 도움이 필요하면 말해요. 밥 테니슨이라고 그곳의 CEO를 알거든요. 나와 함께 트리니티 이사회에 참여하고 있지요. 나한테 신세진 일도 있고요."

캐서린은 마틴의 사무실을 나갔다. 마틴은 당장은 아무 말도 하지 않기로 결심했지만 싸움이 완전히 끝난 것은 아니었다.

점심식사

다음 날 아침, 제프가 캐서린의 사무실에 들러서 점심을 같이 하자고 청했다. 캐서린은 약속이 있었지만 기쁜 마음으로 스케줄을 바꾸었다. 제프는 하프 문 베이에서 가장 오래된 멕시코 식당으로 캐서린을 안내했다.

제프가 용건을 말하기 전에 캐서린은 마음에 담아두었던 몇 가지 이야기를 먼저 꺼냈다.

"제프, 지난 2주간 임원 회의를 이끌어줘서 고마워요. 덕분에 많은 것을 볼 수 있었어요."

제프는 진심이 담긴 캐서린의 인사에 점잖게 고개를 끄덕였다. 그녀는 말을 이었다.

"다음 주 워크숍이 끝나면 내가 밥 한번 살게요. 하지만 한 가지, 앞으로 있을 워크숍 회의 시간에 결코 주저해서는 안 된다는 사실을 명심해주면 좋겠습니다. 당신도 다른 임원들처럼 적극적으로 참여해야 합니다. 알겠죠?"

제프는 고개를 끄덕였다.

"알겠습니다. 그건 걱정하지 않아도 됩니다."

그는 잠시 숨을 가다듬고 본격적으로 용건을 꺼냈다. 음식 그릇을 만지는 손끝이 초조해 보였다.

"사외 워크숍 얘기가 나온 김에 묻고 싶은게 있습니다."

"말해보세요."

캐서린은 긴장한 제프의 모습에 웃음을 터뜨릴 뻔했다. 그녀는 마틴 얘기가 나올 것을 예상하고 있었기 때문에 침착한 자세를 유지하고 있었다.

"다름이 아니고 어제 퇴근길 주차장에서 마틴을 만나 이야기를 나누게 되었거든요."

그는 캐서린의 반응을 살피면서 말을 이어갔다.

"그런데 그 친구가 ASA산업과의 미팅에 대해 이야기하더군요. 사외 워크숍 일정과 겹쳐서 문제가 생겼다고요."

"그래서요?"

제프는 침을 꿀꺽 삼켰다.

"그런데 그 친구는 이렇게 믿고 있더군요. 솔직히 말씀드리면 저도 그 생각에 동의합니다만, 회사 내부의 행사보다는 고객과의 상담이 더 중요하다고 말입니다. 그리고 설사 마틴과 제이알이 사외 워크숍의 일부 행사에 참석하지 못한다 해도 제 생각엔 큰 문제가 되지 않을 것 같습니다."

캐서린은 조심스럽게 입을 열었다.

"제프, 당신 말이 무슨 뜻인지 알겠어요. 그리고 당신이 나와 의견 차이를 보인다 해도 나는 상관없어요. 특히 이렇게 얼굴을 맞대고 얘기한다면 아무런 문제가 안 되겠죠."

제프가 눈에 띄게 안도하는 모습을 보며 캐서린은 말을 이어나갔다.

"하지만 나의 임무는 이 조직이 원활하게 돌아가도록 하는 데 있습니다. 그리고 현재 상태는 당신도 알다시피 전혀 그렇지 못하고요."

제프는 캐서린의 말에 반박해야 할지, 아니면 겸허하게 받아들여야 할지 쉽게 판단이 서지 않는 듯 보였다.

"나는 당신이 그동안 해온 일들을 비판하려고 하는 게 아니에요. 내가 보기에 당신만큼 회사를 걱정하는 사람은 없는 것 같아요."

캐서린은 제프의 자존심을 세워주면서 이야기를 본론으로 이어갔다.

"그러나 팀이라는 관점에서 보면 우리는 최악의 상태에 처해 있어요. 무엇보다 지금 우리는 회사의 발목을 잡고 있는 팀워크 문제를 극복해야 합니다. 이 문제를 해결하지 않는 한, 한 건의 실적이 우리의 미래에 중대한 영향을 미치지는 않을 겁니다."

캐서린이 어떤 사람인지 잘 알지 못했던 제프는 더 이상 논쟁을 벌이는 것은 무익할 뿐 아니라 어쩌면 앞으로의 직장생활에 해가 될지도 모르겠다고 판단했다. 그는 고개를 끄덕였다. 그건 마치 '좋아요, 당신이 이긴 것 같군요' 하고 말하는 것 같았다.

두 사람은 하프 문 베이 역사상 가장 빠른 속도로 점심식사를 마친 다음 사무실로 향했다.

의장의 전화

캐서린은 마틴 건으로 인한 임원들의 반발은 어느 정도 예상하고
있었지만 이사회 의장마저 그 대열에 합류하리라고는 미처 생각
하지 못했다.

그날 저녁 의장이 집으로 전화를 걸었을 때, 캐서린은 단순한
격려 전화일 것이라고 생각했다.

"지금 막 제프와 통화를 했소."

그는 다정한 목소리로 운을 뗐다.

"그러면 제가 마틴을 들이받았다는 얘기도 들으셨겠네요."

캐서린의 장난기 넘치는 당당한 태도가 오히려 의장을 심각한
분위기로 몰아갔다.

"그래요. 그래서 좀 걱정이 됩니다."

"의장님께서요?"

캐서린은 허를 찔린 기분이었다.

"캐서린, 당신도 알겠지만 난 이런 일들에 사사건건 이래라저래라 간섭하고 싶지는 않소. 하지만 어떻게든 불을 지필 생각이 있다면 그 전에 여러 난관을 극복할 수 있도록 노력해야 합니다."

캐서린은 곧바로 대답하지 않고 잠시 마음을 가다듬으며 CEO의 자세로 돌아갔다.

"좋아요. 제가 이제부터 하는 말이 화를 낸다든가 무례하게 대들려는 의도가 전혀 없다는 점을 우선 알아주세요."

"알겠소."

"고맙습니다. 그러면 솔직하게 이야기하겠습니다. 의장님 앞에서라면 더욱 그래야 하니까요."

"난 당신의 그런 점을 높이 평가하오."

"지금부터 제가 하는 이야기를 듣고 나면 그 생각이 바뀌실지도 모르겠군요."

캐서린의 말에 의장은 웃지 않을 수 없었다.

"좋소, 마음 단단히 먹고 들어보겠소."

"첫째, 제가 아무렇게나 불을 지피는 중이라고는 생각지 마세요. 저는 지난 2주 동안 사람들을 주의 깊게 관찰했습니다. 그리고 앞으로 어떻게 행동해야 할지를 정했습니다. 마틴에게 강경하게 말한 것도 그 순간 욱하는 마음에 그런 게 아니란 뜻입니다."

"알아요. 그런데 그건 단지……."

캐서린은 점잖게 말을 끊었다.

"제 이야기를 끝까지 들어주시면 고맙겠습니다. 저는 회사를 걱정하는 의장님의 마음을 잘 알고 있어요. 또 저를 걱정해주시는 마음도 알고요. 하지만 이번 전화만큼은 회사에 도움이 되기보다는 오히려 해가 되고 있다고 말씀 드리고 싶군요."

"미안합니다. 하지만 나는 당신을 이해하지 못하겠소."

캐서린은 계속했다.

"지난 18개월 동안 의장님은 경영진들과 적극적으로 활동해오셨어요. 그건 일반적인 이사회 의장과는 사뭇 다른 모습이죠. 그 과정에서 디시전테크라는 팀이 점점 더 혼란의 소용돌이 속으로 빨려 들어가는 모습을 지켜보셨을 테고, 지금은 제게 그 소용돌이 속에서 사람들을 구출해달라고 요청하고 계신 거죠. 그게 바로 의장님께서 제게 원하는 바가 아닌가요?"

"맞소. 그게 바로 정확히 내가 원하는 것이오."

"그렇다면 의장님께 한 가지 질문을 드리고 싶습니다. 의장님께서는 제게 회사를 구해달라고 하셨는데, 그로 인해 어떤 결과가 생기더라도 받아들일 준비가 되어 있으십니까? 아, 지금 당장 대답하지 않으셔도 됩니다."

캐서린은 의장이 말하려는 순간 그를 제지했다.

"잠시 생각해보세요."

그녀는 질문을 던져놓은 채 계속 이야기했다.

"이건 정말 쉽지 않은 일이 될 거예요. 회사도 그렇고, 임원진도, 저도, 의장님 역시 마찬가지겠죠."

의장은 캐서린이 필요로 하는 것이면 무엇이든 할 준비가 되어 있다며 그녀를 안심시키고 싶었지만 아무런 말도 하지 않았다.

캐서린은 그의 침묵을 거침없이 자신의 의견을 말해도 좋다는 뜻으로 받아들였다.

"제 남편은 분열된 팀은 마치 부러진 팔다리와 같다고 하더군요. 아시겠지만 처음 부러졌을 때보다 부러진 뼈를 다시 맞추는 일이 훨씬 더 고통스러운 법이죠. 왜냐하면 그 고통을 아는 상태에서 해야 하니까요."

오랜 정적이 흐른 후에 의장이 입을 열었다.

"좋소, 캐서린. 당신 말을 따르겠소. 당신이 해야겠다고 생각한 일이면 무엇이든 해보시오. 나는 끼어들지 않겠소."

캐서린은 그의 말이 진심임을 알 수 있었다.

"그런데 나도 한 가지 질문이 있소. 이 팀에서 얼마나 많은 사람의 팔다리를 다시 한번 맞춰야 할 것 같소?"

캐서린은 잠시 생각에 잠겼다 대답했다.

"저도 이번 달 말쯤 되어야 알게 될 것 같습니다."

첫 번째 워크숍

캐서린이 사외 워크숍 개최 장소로 선정한 나파밸리는 회사와 가까운 곳이었지만 도시에서 벗어났다는 느낌을 주기에 충분했다. 게다가 편안함까지 느낄 수 있는 묘한 장소였다.

호텔 역시 비수기에는 숙박료가 비교적 저렴한 데다 회의장으로 안성맞춤인 넓고 편안한 공간을 갖추고 있어서 캐서린이 좋아하는 곳이었다. 회의장은 발코니가 딸린 2층에 있었는데 전망도 훌륭해서 넓게 펼쳐진 포도밭이 내려다보였다.

워크숍 시작 시간은 오전 9시였다. 8시 45분경 마틴을 제외한 모든 임원진이 도착하여 프론트데스크에 짐을 맡긴 후 회의실로 올라와 자리를 잡고 앉았다. 아무도 마틴에 대해 묻지 않았지만,

다들 시계를 들여다보는 모습에서 과연 그가 제시간에 나타날 것인지 궁금해하는 걸 알 수 있었다. 캐서린도 약간은 긴장한 상태였다.

캐서린은 늦게 온 누군가를 질책하는 일로 첫 번째 워크숍을 시작하고 싶지 않았다. 그런데 마틴이 정말 나타나지 않는다면? 캐서린은 순간 공포감을 느꼈다. 회의에 참석하지 않았다고 그를 해고할 수도 없는 일이었다. 하지만 마틴이 오지 않은 상황에서 그녀가 임원들을 대상으로 얼마나 정치적인 역량을 발휘할 수 있을까? 아니, 그런 점을 모두 떠나서 이 친구가 과연 얼마나 가치 있는 인물일까?

8시 59분, 마틴이 문을 열고 들어섰을 때 캐서린은 속으로 안도의 한숨을 내쉬었다. 그러고는 쓸데없는 걱정을 한 자신을 나무랐다.

캐서린은 한 달 넘게 기다려온 일을 마침내 시작할 때가 되었다는 사실에 흥분된 마음을 감출 수 없었다. 테이블에 빙 둘러앉아 있는 사람들의 태도가 신경 쓰이지 않는 것은 아니지만, 이런 순간이야말로 자신이 살아 있음을 느낀다는 사실을 그녀는 부인할 수 없었다.

시작

× × ×

마틴은 회의 테이블 한쪽 끝의 빈자리에 가서 앉았다. 그 자리는 마침 캐서린과 정면으로 마주 보는 자리였다. 그는 앉자마자 노트북을 가방에서 꺼내 테이블에 올려놓았다. 그리고 노트북을 열지 않은 채 잠시 동안 그대로 두었다.

캐서린은 마틴의 행동에 신경 쓰지 않겠다고 결심한 후 자신의 참모들 앞에서 미소를 지었다. 그리고 차분하고 우아한 태도로 이야기를 시작했다.

"반갑습니다. 그럼, 오늘 일정을 시작해볼까요? 지금부터 하는 이야기를 나는 앞으로도 여러 번 강조할 것입니다."

아무도 캐서린의 마지막 말이 얼마나 진지한 것인지 깨닫지 못했다.

"우리 디시전테크는 그 어떤 경쟁업체보다 경험 많고 재능 있는 경영팀을 보유하고 있습니다. 우리는 다른 회사보다 더 많은 자금을 확보했으며, 앞선 기술력을 보유하고 있고, 어떤 회사보다 강력한 이사회를 갖고 있습니다. 그런데 이 모든 장점에도 불구하고 수익과 고객 성장률 두 가지 측면에서 경쟁사 두 곳에 뒤처져 있습니다. 여기 있는 분들 중 그 이유를 말씀해줄 수 있는 분이 계신가요?"

아무도 말이 없자 캐서린은 여전히 따뜻한 목소리로 말을 이었다.

"이사회 전원과 면담을 하고, 여러분과도 따로 시간을 보내고, 대부분의 직원들과 이야기해본 결과 우리의 문제가 무엇인지 분명하게 알게 되었습니다."

캐서린은 잠깐 말을 멈추고 사람들을 둘러보았다.

"우리는 한 팀으로 움직이고 있지 않습니다. 우리는 지금 함정에 빠져 있습니다."

임원들 중 몇몇이 전임 CEO인 제프에게 눈길을 돌렸다. 캐서린은 그 긴장감을 포착해냈다.

"나는 지금 제프에게 책임을 돌리기 위해 이런 이야기를 하는 게 아닙니다. 특정한 누군가를 염두에 둔 것이 아니라 단지 사실을 이야기하고 있을 뿐입니다. 이 '팀' 문제야말로 우리가 이틀에 걸쳐 다루어야 할 중요한 주제입니다. 물론 나는 며칠씩 사무실을 비워야 하는 사외 워크숍을 여러분이 얼마나 터무니없게 여기고 있는지 잘 알고 있습니다. 그러나 이 일정이 모두 끝났을 때, 여전히 이곳에 남아 있을 사람들은 이 일이 왜 그토록 중요한 것이었는지 이해하게 될 것입니다."

캐서린의 마지막 말에 모든 사람이 집중했다.

"솔직히 이야기하죠. 디시전테크는 앞으로 몇 달간 커다란 변화를 겪게 될 것입니다. 그리고 여기 있는 사람들 가운데 몇몇은 새롭게 탄생한 회사가 자신이 머무르기에 걸맞지 않다고 여기게 될지도 모릅니다. 이건 협박도 아닐뿐더러 어떤 극적인 효과를 노리는 것도 아닙니다. 물론 특정한 누군가를 염두에 두고 있지도 않습니다. 나는 현실적인 개연성을 말하는 것뿐입니다. 여기 있는 사람들 모두 원하기만 하면 언제든 다른 회사로 옮길 수 있는 탁월한 능력을 가졌고, 회사를 떠난다는 건 있을 수 없는 일도 아니니까요. 더구나 그것이 회사를 위해서도, 팀을 위해서도 바람직한 일이라면 더더욱 그렇겠죠."

캐서린은 자리에서 일어나 너무 거만해 보이거나 겸손한 척하는 것으로 보이지 않도록 조심하면서 화이트보드 앞으로 걸어갔다.

"우리가 이제부터 하려는 모든 일은 오로지 단 하나, 바로 이 회사의 성공을 위한 것입니다. 그게 전부죠. 나무에서 떨어지도록 서로를 잡아당기려고 하는 게 아닙니다."

몇 명이 키득거렸다.

"또한 서로 손을 맞잡고 노래를 부르지도 않을 겁니다."

다른 사람들이 모두 큰 소리로 웃는 동안 마틴은 가까스로 웃음을 참는 듯했다.

"우리가 회사를 다니는 이유, 그리고 이곳에 모여 있는 이유는 단 하나, 바로 성과를 내기 위해서입니다. 성과야말로 팀을 평가하는 진정한 척도고, 앞으로 우리가 하게 될 모든 것의 초점이 될 것입니다. 나는 내년이나 내후년쯤에는 우리가 수익률, 성장률, 이익률, 시장점유율, 그리고 부채상환 등을 웃으며 점검하게 될 것이라고 기대합니다. 시장상황만 잘 맞아떨어진다면 기업공개까지도 할 수 있겠죠. 그러나 우리가 한 팀으로 행동하지 못한다면 그런 즐거운 일 가운데 어느 하나도 이루지 못할 것입니다."

캐서린은 잠시 말을 멈추었다. 자신이 전달한 단순명료한 메시지의 의미를 임원들이 파악할 수 있도록 시간을 준 것이다.

"나는 지난 경험들을 통해 탁월한 팀원을 갖춘 조직이 도약하지 못하는 이유는 다섯 가지 함정에 빠져 있기 때문이라는 결론을 내렸습니다."

그녀는 화이트보드 위에 삼각형을 그렸다. 그리고 네 개와 선을 그어서 삼각형을 다섯 칸으로 나누었다.

"앞으로 이틀 동안 우리는 이 삼각형을 채워나갈 것입니다. 하지만 서두르지 않고 한 번에 한 문제씩 다룰 예정입니다. 다섯 가지 함정은 결코 어렵거나 복잡한 개념이 아닙니다. 단, 그 함정에서 빠져나오기 위한 실천은 매우 중요합니다. 자, 첫 번째 함정이 무엇인지 살펴보도록 하죠. 팀의 발전을 가로막는 첫 번째 함정은 바로 '신뢰의 결핍'입니다."

캐서린은 삼각형의 맨 아래 칸에 '신뢰의 결핍'이라고 써 넣었다.

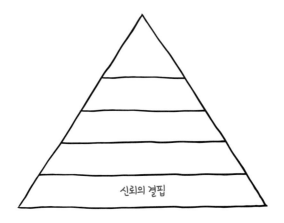

임원들은 그 말을 따라 읽고는 대부분 불쾌하다는 듯 눈살을 찌푸렸다. 마치 '고작 그게 당신이 가진 전부란 말이오?' 하는 듯한 얼굴이었다.

캐서린은 이런 상황에 익숙해 있었기 때문에 전혀 신경 쓰지 않고 계속했다.

"신뢰야말로 팀워크의 기반이라고 할 수 있습니다. 그렇기 때문에 서로에게 마음을 열고 서로를 이해하는 데 실패한 것을 첫 번째 함정으로 꼽는 것입니다. 이때 신뢰를 그냥 터놓고 이야기하는 것 정도로 이해해서는 안 됩니다. 신뢰는 팀을 구축하는 데 반드시 필요한 조건일 뿐 아니라 가장 결정적인 조건입니다."

몇몇 사람들은 이해하지 못하겠다는 표정을 지어 보였다. 좀 더 구체적으로 설명해달라는 요구 같았다.

"훌륭한 팀의 팀원들은 동료들이 보는 앞에서 자신의 더러운 세탁물을 널어놓는 것을 두려워하지 않습니다. 그들은 자신의 실수나 약점을 기꺼이 받아들일 뿐 아니라 보복에 대한 두려움 없이 서로에 대한 불만을 털어놓습니다."

임원들은 대부분 고개를 끄덕였지만 그다지 열띤 호응은 보이지 않았다.

캐서린은 계속 밀고 나갔다.

"만일 우리가 서로를 신뢰하지 않는다면, 제가 보기에 지금 그런 것 같습니다만, 우리는 훌륭한 성과를 내는 팀이 될 수 없습니다."

충돌

× × ×

회의실은 조용했다. 그때 얀이 손을 들었고, 그 모습에 캐서린은 미소를 지었다.

"얀, 내가 한때 학교 선생이긴 했지만 의견을 말하기 위해 손까지 들 필요는 없어요. 언제든 편하게 말하세요."

얀은 고개를 끄덕이고는 질문을 던졌다.

"부인하거나 반박하려는 건 아니고 단지 궁금해서 묻는 겁니다. 왜 당신은 우리가 서로를 신뢰하지 않는다고 생각하죠? 아직 우리에 대해 잘 모를 것 같은데요."

캐서린은 잠시 숨을 멈추고 생각에 잠겼다. 그녀는 사려 깊은 답변을 내놓고 싶었다.

"나는 나름대로 조사한 상당한 양의 데이터에 근거하여 진단을 내렸습니다. 이사회에서 구체적인 코멘트를 해주기도 했을뿐더러 직원들, 심지어는 여러분 중에도 많은 분들이 이 문제를 언급해주셨죠."

얀은 답변에 만족하는 듯 보였지만 캐서린은 계속 이어가기로 했다.

"그리고 나도 직접 디시전테크에서 신뢰의 문제를 발견했습니다. 임원 회의나 그 밖에 서로 대화할 기회가 있을 때 팀원들 사이에서 논쟁이 벌어지지 않는 게 바로 그 증거입니다. 하지만 이 문제는 두 번째 함정과 겹치기 때문에 지금은 깊게 논의하지 않는 게 좋겠습니다."

그러나 닉은 이 문제를 그냥 넘어가게 두지 않으려는 듯 입을 열었다.

"하지만 논쟁의 부재가 언제나 신뢰의 결핍을 의미하는 건 아니지 않습니까?"

그건 질문이라기보다 반박에 가까웠다.

"맞아요, 나도 반드시 그런 건 아니라고 생각합니다."

닉은 캐서린이 자신의 의견에 동의하자 잠시 흐뭇해했다. 캐서린은 말을 이어나갔다.

"모든 사람의 생각이 같고, 동일한 목표를 향해 확실한 하나의 방법으로 매진한다면, 논쟁의 부재가 훌륭한 팀을 상정할 수도 있다고 생각합니다."

사람들은 계면쩍은 듯 미소를 짓기 시작했다. 그건 분명 자신들에게는 해당되지 않는 조건이었기 때문이다. 닉의 흐뭇해하던 표정도 금세 사라졌다.

"그러나 내가 지금까지 관찰해온 효율적인 팀들은 한결같이 매우 구체적으로 논쟁을 벌였습니다. 팀원들 간의 신뢰도가 매우 높은 팀에서도 흔히 논쟁이 벌어지더군요."

캐서린은 회의실에 있는 사람들을 향해 질문을 던졌다.

"여러분이 속한 팀에서 열정적인 토론이나 논쟁이 거의 이루어지지 않는 이유가 무엇이라고 생각하십니까?"

아무도 대답하지 않았다. 캐서린은 그들이 불편한 침묵 속에 그냥 앉아 있도록 내버려두었다. 그때 마이키가 나지막한 목소리로 중얼거렸다.

"미안해요, 마이키. 당신의 이야기를 못 들었어요."

캐서린은 뒤에서 비아냥대는 것을 무척 싫어했지만 그런 자신의 속마음을 감추며 말했다. 이는 학생들을 가르치면서 터득한 토론기술이었다.

마이키는 좀 더 큰 소리로 또박또박 말했다.

"우리는 너무 바쁘기 때문에 사소한 문제에 시간을 써가며 토론을 벌일 수가 없어요. 지금 상태로도 일에 파묻힐 지경이거든요."

캐서린은 다른 사람들이 마이키의 의견에 동의하지 않을 것이라고 생각했다. 하지만 마이키의 의견에 반기를 들 만한 사람도 없을 것 같았다. 아무도 말을 하지 않자 더 이상 기다릴 수 없었던 캐서린이 직접 나서려고 했다. 이때 제프가 주저하며 이야기를 꺼냈다.

"나는 마이키와 생각이 다릅니다. 우리가 논쟁을 벌일 시간조차 없을 만큼 바쁘다고 생각하지는 않아요. 단지 서로의 의견에 반박해가며 이야기하는 데 익숙하지 않을 뿐이지요. 그리고 그 이유는 나도 확실히 모르겠습니다."

마이키가 날카롭지는 않지만 재빠르게 대꾸했다.

"아마 우리의 회의가 늘 틀에 박혀 있는 데다 끔찍하게 지루했기 때문이겠죠."

캐서린은 이 논쟁에 끼어들어 제프를 보호하고 싶었다. 또한 용기를 발휘해 마이키에 맞선 그의 태도를 보상해주고 싶은 생각도 들었다. 그러나 그녀는 일단 그냥 내버려두기로 했다.

짧은 침묵이 흐른 뒤 카를로스가 점잖게 대화에 끼어들었다. 그러나 마이키를 겨냥했다기보다는 팀 전체의 의사를 표현하는 정도였다.

"잠깐만요, 여러분. 나 또한 회의가 무척 지루하고 회의 일정이 지나칠 정도로 빡빡했다는 점에 동의합니다. 하지만 우리 모두가 좀 더 적극적으로 자신의 의사를 개진할 수는 있었다고 생각합니다. 분명 우리가 모든 문제에 동의하는 건 아니었으니까요."

닉이 말했다.

"나는 우리가 어떠한 문제에도 동의하지 않았다고 생각하는데 요."

모두 웃음을 터뜨렸다. 그러나 마틴만은 웃지 않았다. 그는 노트북을 열고 전원을 켜고 있었다.

캐서린도 활기를 띠어가는 대화에 합류했다.

"그렇다면 여러분은 대부분의 문제에 동의하지 않았군요. 그리고 문제가 여러분 자신에게 있다는 사실을 아직은 받아들이려고 하지 않는 것 같고요. 제가 심리학 박사는 아닙니다만, 이쯤에서 한 가지 알고 있는 얘기를 하자면 그게 바로 신뢰의 문제입니다."

몇몇 사람이 캐서린의 말에 동의한다는 표시로 고개를 끄덕였다. 그녀는 속으로 감사의 인사를 보냈다.

그때 자판을 두드리는 소리가 들리기 시작했다. 진행되는 대화에 참여하지 않고 있던 마틴이 능숙한 솜씨로 자판을 두드리고 있었던 것이다. 잠시 떠들썩했던 회의실이 갑자기 조용해지더니 모든 사람들이 마틴을 쳐다보았다.

캐서린은 이 순간이 다가온 것을 내심 기쁘게 생각했다. 물론 관찰자로 참석했던 첫 번째 임원 회의 때부터 앞으로 이런 일이 벌어지면 어쩌나 걱정해왔던 것도 사실이었다. 그리고 벌써부터 마틴과 두 번째 충돌을 일으키고 싶지도 않았다. 하지만 어렵게 찾아온 기회인 만큼 캐서린은 그냥 지나칠 수 없었다.

집중

× × ×

캐서린이 자신과 마주 보는 자리에 앉아서 자판을 두드리고 있는 마틴을 바라보자 회의실 안은 순간 긴장감이 감돌기 시작했다. 그들은 캐서린이 어떤 사람인지 아직 잘 몰랐기 때문에 그녀가 어떤 말도 하지 않을 것이라고 생각했다.

"마틴."

마틴은 자판을 두드리던 손을 멈추고 상사니까 어쩔 수 없다는 표정으로 그녀를 쳐다보았다.

"지금 무슨 일을 하고 있는 중이죠?"

캐서린이 진지하게 물었다. 그녀의 말투에서 빈정거림은 전혀 찾아볼 수 없었다.

회의실 안은 꽁꽁 얼어붙었다. 임원들은 모두 마틴의 대답만 기다리고 있었다. 그들이 지난 2년 동안 꼭 한 번 물어보고 싶은 말이었기 때문이다.

그러나 마틴은 전혀 대답할 의사가 없는 듯 대꾸했다.

"아무것도 아닙니다. 그냥 뭐 좀 적고 있었습니다."

그러고는 다시 고개를 숙이고 자판을 두드려댔다.

캐서린은 침착함을 잃지 않고 신중한 어조로 말했다.

"내 생각에는 바로 지금이 사외 워크숍의 기본방침을 이야기할 좋은 시점인 것 같습니다. 더불어 우리의 회의 진행방식에 관해서도 말이죠."

마틴이 고개를 들어 캐서린을 바라보았다. 캐서린은 임원들을 돌아보며 말을 이었다.

"나는 회의 시간에 많은 규칙을 두는 편이 아니지만, 매우 꼼꼼하게 챙기는 한 가지가 있습니다."

모든 사람들이 그녀의 말에 주목했다.

"그것은 바로 '적극적으로 참여'하는 자세입니다. 우리가 어떤 주제로 이야기를 나누든 간에 여러분 모두가 적극적으로 대화에 참여해주길 바랍니다."

마틴도 약간은 물러서야 할 때를 알고 있었다. 그는 한 가지 질문을 던졌다. 디시전테크의 수석 엔지니어가 좀처럼 내뱉지 않던, 약간은 회의적인 목소리였다.

"하지만 대화 주제가 모든 사람들과 관계된 것이 아닐 때에는 어떻게 합니까? 때로는 일대일로 다루는 것이 좋은 주제들도 있는 것 같은데요."

"좋은 지적이에요."

캐서린은 이제 마틴을 끌어들이고 있었다.

"만일 회의 시간에 논의할 만한 성격이 아닌 주제를 다루는 바람에 팀 전체의 시간을 낭비하는 경우가 생긴다면 여기에 있는 누구든 거리낌 없이 문제를 제기해야 합니다."

마틴은 캐서린이 자신의 생각에 동의한 듯 말하자 기분이 좋아졌다.

"그러나 그 외의 경우라면 모든 사람들이 빠짐없이 대화에 참여해주기 바랍니다. 물론 마틴 당신처럼 종이보다 노트북을 더 선호하는 사람도 있겠지만, 나는 그런 개인적 취향이 주위를 산만하게 만든다고 생각합니다. 그 사람이 멀찍이 앉아서 이메일을 확인하거나 다른 업무를 보고 있는 건 아닌지 상상하는 건 아주 쉬운 일이거든요."

마이키는 마틴을 돕기로 마음먹었다.

"캐서린, 당신의 이야기가 모두 옳은 건 사실이지만, 아마 당신이 첨단기술 쪽에서 일해보지 않아서 더 거부감을 느꼈을지도 모릅니다. 사실 그런 일은 소프트웨어 회사에서는 흔히 볼 수 있는 모습이거든요. 제 얘기는 그러니까……, 자동차 업계에서는 안 그럴 수도 있겠지만……."

캐서린이 점잖게 말을 끊었다.

"자동차 업계에서도 아주 흔한 일이에요, 마이키. 물론 나는 거기에서도 같은 문제를 제기했습니다. 그건 기술적인 문제라기보다는 행동규범상의 문제에 가까운 것입니다."

제프는 고개를 끄덕이며 미소를 지었다. 그때 마틴이 노트북을 끄고 가방에 집어넣었다. 사람들은 마치 은행강도를 설득해 총을 넘겨받은 사람을 우러러보듯 존경 어린 눈으로 캐서린을 바라보았다.

그날의 남은 시간들도 그렇게 쉽게 풀려나갔다면 얼마나 좋았겠는가.

개인사 알기

"먼저 '개인사 알기'로 불리는 놀이를 시작해봅시다."

캐서린은 워크숍의 첫 번째 순서를 시작했다.

'개인사 알기'는 자신의 성장배경과 관련하여 다섯 가지 사적인 질문을 받고 그에 답하는 것이다. 그녀는 마틴도 감탄할 정도로 익살스러운 주의사항으로 설명을 끝맺었다.

"명심하세요. 나는 여러분의 어린 시절에 대한 이야기를 듣고 싶은 것이지, 여러분 마음속에 들어 있는 어리광에는 관심 없어요."

다섯 가지 질문은 다음과 같았다. 고향은? 형제관계는? 어린 시절 즐겼던 취미는? 자라면서 겪은 가장 큰 시련은? 처음 가졌던

직업은?

거의 모든 사람들이 다섯 가지 질문에 하나 또는 그 이상의 보석과도 같은 답변을 내놓았다. 그것은 동료들이 전혀 알지 못한 사실들이었다.

카를로스는 아홉 형제 중 맏이였다. 마이키는 뉴욕 줄리어드 예술학교에서 발레를 전공했고, 제프는 보스턴 레드삭스 야구팀의 배트보이였다. 마틴은 어린 시절의 대부분을 인도에서 보냈으며, 제이알은 일란성 쌍둥이였다. 또 얀은 군인 가정에서 자랐다. 질문과 대답이 오가면서 닉은 고등학교 때 캐서린의 남편이 코치로 있던 학교와 농구시합을 한 것까지 알아냈다.

캐서린의 경우, 임원들은 그녀의 군복무 경력이나 자동차 업계에서의 경험보다도 그녀가 대학시절 국가대표 배구선수였다는 사실에 더 놀라고 감동받은 것 같았다.

이것은 정말이지 흥미로운 경험이었다. 화기애애한 분위기로 개인사를 들춰낸 45분이 지나자 팀은 더욱 결속력이 강해진 것 같았다. 또한 그 어느 때보다 서로를 편하게 느끼는 듯했다. 그러나 캐서린은 대화가 회사 업무로 옮겨지면 지금의 편안한 분위기가 곧 바뀌리라는 것을 경험을 통해 알고 있었다.

모난돌

임원들은 점심도 거른 채 나파에 오기 전에 미리 작성해온 다양한 성격진단 도구들을 펴놓고 각자의 행동성향을 검토하며 몇 시간을 보냈다. 캐서린은 마틴까지 토론에 참여하는 것을 보고 기쁨을 감추지 못했다. 그녀는 누구든 자기 자신에 대해 더 많이 알고 싶고 더 많이 이야기하고 싶어 한다는 사실을 다시금 깨달았다. 그러나 그런 우호적인 적극성도 자신을 비판하는 순간 무너지고 만다. 그리고 이제 비판의 시간이 다가오고 있었다.

캐서린은 다음 단계로 넘어가기 전에 휴식시간을 주었다. 임원들은 오늘 밤 늦게까지 일할 것이므로 너무 빨리 지치게 해서는 안 되었다.

마틴은 자신의 방에서 이메일을 읽으며 휴식시간을 보냈다. 닉, 제프, 카를로스, 제이알은 호텔 옆에 있는 경기장에서 운동을 했고, 캐서린과 얀은 로비에서 만나 워크숍 경비에 관한 이야기를 나누었다. 마이키는 수영장 옆에 앉아서 소설을 읽었다.

저녁식사 시간에 모두 모였을 때 임원들은 성격진단에 대한 이야기부터 꺼냈다. 그들은 사람마다 각자의 스타일이 있다는 것을 인정했고, 외향적 성격과 내향적 성격의 차이에 대해 이야기하면서 토론의 범위를 넓혀갔다.

사람들은 피자를 먹고 맥주를 마시며 점점 태도가 느슨해졌다. 카를로스는 얀이 지나치게 분석적이라며 귀찮게 굴었다. 제프는 제이알이 집중력이 없다고 놀렸다. 심지어 마틴도 닉이 자신을 '사납지만 내성적인 사람'이라고 불렀을 때 부드럽게 응수했다. 아무도 서로를 놀려대는 것에 불쾌해하지 않았다. 단 한 사람, 마이키만을 제외하고.

마이키가 사람들의 놀림을 불쾌하게 받아들인 것은 아니었다. 문제는 아무도 그녀를 놀리지 않았다는 데 있었다. 그녀 또한 동료들에 관해 아무 이야기도 하지 않았다.

캐서린은 그녀를 대화에 동참시키고 싶었지만, 너무 성급하게 하지 않아도 되겠다고 판단했다. 상황은 그녀가 생각했던 것보다도 잘 풀리고 있었다. 임원들은 캐서린이 말한 '다섯 가지 함정'에 관해 기꺼이 이야기하고 싶어 했다. 하지만 첫날부터 분쟁을 일으킬 필요는 없었다. 특히 마틴과 한바탕 소동을 벌인 뒤였기 때문에 더욱 그랬다.

그런데 문제가 터지고 말았다. 닉이 사람들 앞에서 성격진단이 놀라울 정도로 정확하고 유익하다고 말하자 마이키가 임원회의 때마다 보였던 행동을 똑같이 취한 것이다. 그녀는 잠자코 닉을 쏘아보았다.

캐서린이 마이키의 행동을 지적하려는 찰나, 닉이 직접 그녀를 걸고넘어졌다.

"마이키, 지금 그 행동은 도대체 무슨 의미죠?"

마이키는 무슨 말인지 모르겠다는 듯 딴청을 부렸다.

"뭘 말이에요?"

닉도 약간은 화가 난 것 같았다.

"사람을 쏘아봤잖아요. 내가 그것도 모를 줄 알아요?"

그녀는 계속 모른 척했다.

"아니, 난 아무 말도 하지 않고 있었는데 대체 왜 그래요?"

이번에는 얀이 끼어들었다. 매우 부드러운 목소리였다.

"당신이 아무 말도 하지 않은 건 맞아요, 마이키. 문제는 말이 아니라 당신 얼굴에 나타난 표정이었죠."

얀은 마이키가 체면을 구기지 않고 잘못을 시인할 수 있게 도와줌으로써 이 상황을 무마시키고 싶었다.

"마이키, 당신은 가끔씩 무의식적으로 어떤 행동을 할 때가 있어요."

그러나 마이키는 점점 자기방어적인 태도를 취하며 맞섰다.

"나는 정말로 무슨 말을 하고 있는지 모르겠군요."

닉이 더 이상 참지 못하고 말했다.

"당신은 항상 그렇게 행동하는데, 우리가 모두 바보인 줄 압니까?"

캐서린은 다음 저녁식사에는 맥주를 내놓지 말아야겠다고 생각했다. 하지만 그러면서도 수면 아래에 감춰져 있던 문제들이 하나둘씩 올라오고 있는 것 같아 기쁨을 감출 수 없었다. 그녀는 상황을 중재하고 싶은 유혹을 뿌리치며 피자를 한 입 베어 물었다.

그때 난데없는 마이키의 답변이 들려왔다.

"난 이따위 심리분석 놀이에 끼어들 생각은 전혀 없어요. 지금 당장이라도 우리의 엉덩이를 갈기려 드는 경쟁자들 중 어느 누구도 이런 나파 호텔에 한가로이 둘러앉아 싱거운 얘기들로 시간을 낭비하고 있지는 않을 겁니다."

사람들은 지금껏 즐거운 마음으로 임했던 워크숍 일정 전체에 마이키가 비난을 퍼붓자 어찌할 바를 몰랐다. 그들은 캐서린을 바라보며 그녀의 대응을 기다렸다. 그러나 마틴이 한발 빨랐다.

"그럼요, 당신 말이 맞아요."

사람들은 열심히 참여하는 것 같았던 마틴이 갑자기 마이키의 편을 들자 충격을 받았다. 그러나 마틴이 재치 있는 결정타를 날

리자 그 충격은 금세 사라졌다.

"그들은 아마 카멜 호텔에 있을 겁니다."

다른 사람 입에서 나온 말이라면 키득거리는 정도에 그쳤을 테지만 마틴이 마이키를 겨냥해, 그것도 냉소적인 목소리로 내뱉은 말이었기 때문에 여기저기서 박장대소가 터져 나왔다. 물론 마이키만 빼고 말이다. 그녀는 쓴웃음을 지으며 가만히 앉아 있었다.

캐서린은 디시전테크의 마케팅 책임자가 뛰쳐나가 버리는 건 아닐까 생각했지만, 마이키는 자리를 지키고 앉은 채 90분 동안 단 한마디도 하지 않았다.

마침내 논의는 자연스럽게 사업과 관련된 주제로 옮겨갔다. 얀은 잠시 대화를 중단하고 캐서린에게 물었다.

"지금 우리가 본론에서 벗어나고 있는 건가요?"

캐서린은 고개를 가로저었다.

"아니요. 행동양식에 관해 이야기하면서 경영상의 주제로 자연스럽게 흘러가는 건 좋다고 생각해요. 지금 우리가 나눈 이야기들이 앞으로의 일에 많은 도움을 줄 겁니다."

캐서린은 마이키를 제외한 임원들이 서로 마음을 열어가는 모습에 무척이나 고무되었다. 그러나 마이키의 행동에서 그녀가 동료들을 신뢰할 마음이 없음을 충분히 알게 되었다.

마이키

× × ×

밤 10시가 조금 지난 시간에 워크숍의 첫날 일정은 모두 끝났다. 예산에 대한 즉석토론을 막 시작한 얀과 닉을 제외하고는 모두 침실로 향했다. 마이키와 캐서린의 방은 호텔의 위락시설이 모여 있는 수영장 쪽에서 가까웠다. 캐서린은 마이키와 함께 걸어가면서 일대일로 이야기를 한번 해보기로 결심했다.

"괜찮아요?"

캐서린은 지나치게 감상적이거나 자상해 보이지 않도록 조심하며 물었다.

"괜찮아요."

마이키는 자신의 감정을 잘 감추는 편은 아니었다.

"마음을 열고 서로를 알아가는 게 어려운 과정이라는 건 잘 알아요. 사람들이 당신을 조금 거칠게 대한다고 느낄 수도 있고요."

"조금이요? 난 사람들이 날 마음 편히 갖고 놀도록 내버려두지 않을 거예요. 그리고 단언컨대, 저 사람들 일할 때는 저렇게 열심히 하지 않을걸요. 회사의 성공 같은 건 눈곱만큼도 관심 없는 사람들이라고요."

캐서린은 잠시 혼란에 빠졌다.

"좋아요. 그건 내일 이야기하도록 하죠. 당신의 생각을 그들에게 말하는 건 어때요?"

"천만에요. 나는 내일 아무 이야기도 하지 않을 거예요."

캐서린은 지금 마이키의 태도가 일시적인 흥분 때문일 거라고 생각하기로 했다.

"아침이면 기분이 좀 나아질 거예요."

"아니요, 나는 심각해요. 나는 내일 아무것도 이야기하지 않을 겁니다."

캐서린은 여기서 대화를 멈춰야겠다고 판단했다.

각자 방 앞에 서서 캐서린이 인사를 건네자 마이키는 냉소적인 목소리로 대꾸하고는 방으로 들어갔다.

반응

다음 날 아침, 마이키는 어제 무슨 일이 있었냐는 듯한 태도로 회의실에 들어왔다. 캐서린은 조금 놀라긴 했지만 기분은 좋았다.

사람들이 모두 도착하자, 캐서린은 어제 워크숍을 시작할 때 했던 말을 조금 줄여 다시 한번 이야기하는 것으로 둘째 날의 일정을 시작했다.

"시작하기 전에 우리가 왜 여기에 모여 있는지 생각해봅시다. 우리는 지금도 풍부한 데다 최고 수준의 경영진과 앞선 기술력을 보유하고 있으며, 경쟁사들에 비해 훨씬 유리한 대외 관계를 맺고 있습니다. 그런데도 수익과 고객성장률에서 경쟁사 두 곳에 뒤처져 있습니다. 우리의 당면과제는 수익률, 이익률, 시장점유율, 고객확보율을 늘려서 기업공개를 할 수 있도록 회사의 역량을 끌어올리는 것입니다. 그러나 우리가 한 팀으로 행동하지 못한다면 이 모든 것은 이루어지지 않을 겁니다."

캐서린은 잠시 말을 멈추고 집중해서 듣고 있는 임원들을 바라보았다.

"질문 있나요?"

사람들은 고개를 가로저었다. 그건 마치 '질문이라뇨, 어서 시작합시다' 하고 말하는 것 같았다. 적어도 캐서린은 그들의 태도를 그렇게 해석했다.

임원들은 어제 다루었던 자료들을 재검토하기 시작했다. 한 시간 정도 지났을 무렵, 마틴과 닉이 약간 흥미를 잃은 듯 보였다. 제이알은 휴대전화가 몇 번이나 울려도 받지 않더니 점점 집중력을 잃어가기 시작했다.

캐서린은 사람들이 자기들끼리 쑥덕거리기 전에 조치를 취하기로 했다.

"지금 모두들 의아한 생각이 들기 시작했을 겁니다. '이거 어제 다 했던 거잖아?' 하고 말이죠. 나도 똑같은 말을 반복하고 있다는 걸 알고 있습니다. 하지만 이런 종류의 작업은 어떻게 적용할 것인지 완벽하게 숙지하지 않으면 기억에서 쉽게 사라져버리고 맙니다."

그 후 한 시간 동안 사람들은 각자가 선호하는 대인관계 유형과 조직 내에서 그런 유형이 일으키는 기회와 시련이 어떤 의미를 갖는지 토론했다.

마이키는 거의 말을 하지 않았다. 어쩌다 간혹 그녀가 입을 열 때면 대화의 흐름이 순식간에 극적으로 느려지는 것 같았다. 마틴도 거의 말이 없었다. 그러나 대화에 주의를 기울이면서 흐름을 쫓아가려 애쓰는 모습이 엿보였다.

오전이 절반쯤 지나갔을 때, 그들은 대인관계 유형과 팀 행동에 관한 재검토를 마쳤다. 캐서린은 점심시간이 채 한 시간도 남지 않은 상황에서 이날 일정 중 가장 중요한 과제를 소개하기로 결정했다. 훗날 캐서린은 이 시간을 마이키와 나머지 팀원들에게서 진실을 발견한 순간으로 회고하게 된다.

장점과 약점 찾기

캐서린은 화이트보드로 걸어가 '신뢰의 결핍'이라고 쓰여 있는 삼각형을 가리키며 설명을 시작했다.

"팀워크는 신뢰의 구축에서 시작됩니다. 그리고 신뢰를 쌓는 유일한 방법은 우리 안에 있는 완전무결을 향한 욕구를 극복하는 것입니다."

캐서린은 '신뢰의 결핍' 옆에 '완전무결'이라고 적었다.

"우리는 지금부터 각자의 취약성 정도를 증명해볼 겁니다."

캐서린은 5분 안에 디시전테크의 성공과 실패에 영향을 미칠 수 있는 자신의 장점과 약점을 찾아보라고 말했다.

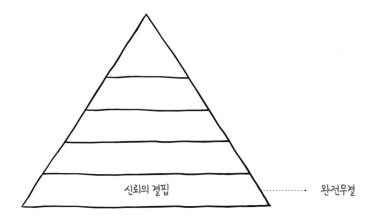

신뢰의 결핍 .... 완전무결

"약점을 너무 포괄적으로 제시하거나 장점을 과장하여 꾸며내지 마십시오. 여러분이 너무 겸손하게 이야기하거나 너무 당돌하게 이야기하면 여러분의 진짜 장점과 약점을 사람들에게 제대로 전달할 수 없게 됩니다. 그럼 짧은 시간이지만 최선을 다해 생각해보세요."

5분이 지나자 캐서린은 토론을 시작했다.

"내가 먼저 하겠습니다."

캐서린은 자신이 적은 종이를 잠깐 들여다보았다.

"나의 최대 장점은 불분명하고 피상적인 정보의 본질을 꿰뚫어 보고 핵심을 파악해낼 수 있는 능력입니다. 나는 주변에 넘쳐나는 불필요한 정보들을 제거하고 문제의 핵심으로 다가가는 방법을 알고 있습니다. 그로 인해 우리의 시간이 많이 절약될 것이라고 생각합니다."

캐서린은 잠시 숨을 가다듬고 말을 이었다.

"나의 약점은 세계 제일의 연설가가 아니라는 점입니다. 사실 나는 그런 부분에 정말 취약합니다. 홍보의 중요성을 가볍게 생각하는 경향도 있지요. 많은 사람들 앞이나, 특히 텔레비전 카메라 앞에 섰을 때 입이 안 떨어지는 경우가 많습니다. 디시전테크가 우리의 바람과 계획대로 성장해간다면 이 부분에 관해 도움이 필요할 겁니다."

제이알과 마이키를 제외하고는 모두 캐서린이 한 말을 받아 적었다. 그녀는 그 점이 마음에 들었다.

"좋아요, 다음엔 누가 하겠어요?"

모두 옆 사람만 힐끗힐끗 쳐다볼 뿐 선뜻 나서지 않았다. 마침내 닉이 입을 열었다.

"내가 하지요. 자, 봅시다."

닉은 자신이 적은 종이를 훑어보았다.

"나의 최대 장점은 협상이든 뭐든 다른 회사를 상대할 때 두려움이 없다는 것입니다. 그들이 동업자건 납품업체건 경쟁업체건 상관없습니다. 상대가 원하지 않는 조건도 얼마든지 밀어붙여 관철시킬 수 있습니다. 하지만 나의 가장 큰 약점은 때때로 오만한 사람으로 비쳐진다는 것입니다."

동료들 중 몇 명이 미소를 지어 보였다. 닉 역시 웃음 띤 얼굴로 계속 이야기했다.

"나는 대학 때부터 그런 이야기를 들었습니다. 어쩌면 그 전부터일지도 모르겠습니다만. 때로 자기가 세상에서 제일 똑똑한 줄 안다는 말을 듣기도 하는데, 제 생각에 그게 무조건 나쁘게만 볼 문제는 아닌 것 같습니다. 이를테면 납품업체 사람들을 상대하고 있을 때라면 이야기가 달라질 수 있거든요. 그러나 여기 계신 여러분들에게는 저의 그런 행동이 짜증나게 느껴질 수도 있을 것 같습니다. 우리의 목표를 이루는 데도 그다지 도움이 될 것 같지는 않군요."

제프가 촌평을 내렸다.

"당신의 장점과 약점은 같은 곳에 뿌리를 두고 있는 것 같습니다."

"그건 흔히 볼 수 있는 일이 아닐까요?"

평소에 말이 없던 마틴이 입을 열자 모두들 깜짝 놀랐다. 그리고 마틴의 말에 고개를 끄덕였다. 캐서린은 닉의 발표로 분위기가 활기를 띠어가자 크게 고무되었다.

"고마워요, 닉. 내가 정확히 원했던 정보인 것 같군요. 다음은 누구죠?"

얀이 손을 들어 자신의 경영관리 기법과 문제에 대한 세심한 주의력을 장점으로 꼽았다. 그리고 모든 사람들이 동의했다. 그런 다음 그녀는 신생기업 재무책임자치고는 자금운영에 관해 지나치게 보수적이었음을 시인했다. 얀이 큰 회사에서 일할 때 몸에

밴 자세이기도 하지만, 동료 임원들이 회사 운영비용에 별 관심이 없는 것이 걱정되어서 비롯된 일인 것도 같다고 해명했다.

"제가 이것도 안 된다, 저것도 안 된다고만 하니까 여러분과 빨리 친해지지 못했던 것 같습니다."

카를로스는 이제 사람들이 얀이 원하는 방향으로 한 걸음씩 더 다가서줄 거라며 그녀를 위로했다.

다음으로 제프가 나섰다. 그는 투자가와 동업자들 사이에서 멋진 협력관계를 구축하는 탁월한 네트워크 능력을 내세우고 싶었지만 당당하게 말을 꺼내지 못한 채 그냥 얼버무리려 했다. 그러나 얀이 제동을 걸었다.

"제프, 우리가 지금까지 제대로 해낸 일이 하나 있다면, 투자가들이 우리 회사에 더 많은 돈을 대지 못해 안달을 내게 했던 일일 거예요. 그런 업적을 이뤄낸 당신의 능력을 왜 감추려고 하죠?"

제프는 마지못해 그녀의 진심 어린 힐책을 받아들였다. 그리고 자신의 약점을 고백함으로써 사람들의 마음을 움직였다.

"저는 실패하는 것이 두렵습니다. 그래서 다른 사람의 업무까지 내 손으로 직접 하려는 경향이 있습니다. 다른 사람을 믿지 못하기 때문이겠죠. 하지만 그렇게 하니까 실패확률이 오히려 더 높아지더군요."

제프는 잠시 감정을 추스른 뒤 말을 이었다.

"그리고 나는 그것이 우리가 현재 성공하지 못한 가장 큰 이유가 아닐까 생각합니다. 제가 더 이상 CEO가 아닌 이유이기도 하고요."

제프는 말을 멈추었다가 재빠르게 한마디를 덧붙였다.

"전 그렇게 된 게 정말이지 아무렇지도 않습니다. 솔직히 고백하자면 CEO 자리에서 물러난 것이 너무나 기쁩니다."

사람들은 따뜻한 마음을 담아 위로의 미소를 지어 보였다.

캐서린은 먼저 나선 세 사람이 너무 잘해주자, 자신이 세운 목표가 생각보다 쉽게 이루어질지도 모른다는 희망을 품었다. 그 순간, 마이키가 입을 열었다.

"좋아요, 이번엔 제가 하죠."

앞의 세 사람과 달리 마이키는 이야기하는 내내 자신이 적은 종이를 들여다보았다.

"저의 가장 큰 장점은 첨단기술 시장을 이해하고 있으며, 애널리스트 및 언론매체들과 어떻게 의사소통을 해야 하는지 알고 있다는 점입니다. 그리고 저의 가장 큰 약점은 형편없는 재무 능력입니다."

침묵이 흘렀다. 누구도 촌평을 내놓지 않았다. 질문도 없었다. 아무 일도 일어나지 않았다.

캐서린을 포함한 사람들은 모두 마음속에 두 가지 상반된 감정을 품었다. 하나는 드디어 마이키가 지나갔다는 안도감이었고, 다른 하나는 지나치게 얄팍한 답변에 대한 실망이었다. 캐서린은 마이키에게 좀 더 솔직히 말하라고 강요해서는 안 되겠다고 생각했다. 마이키 자신이 원해서 하지 않는 한 그건 불가능했다.

침묵의 시간이 길어질수록 사람들은 누군가 어서 이 침묵을 깨주기를 바랐다. 이때 카를로스가 입을 열었다.

"좋아요, 이번엔 내가 하죠."

카를로스는 대화 분위기를 마이키 이전으로 돌리려고 애쓰며 업무 완수 능력을 장점으로, 업무를 처리하는 과정에서 사람들을 적절히 활용할 줄 모른다는 점을 약점으로 꼽았다.

카를로스가 말을 마치자 얀이 끼어들었다.

"나는 당신이 최소한 두 가지 사실을 빼먹었다고 생각합니다."

카를로스와 얀이 절친한 사이인 걸 모르고 있던 캐서린은 그녀의 단도직입적인 발언에 깜짝 놀랐다.

"첫째, 당신은 매사에 철저할 뿐 아니라 온갖 허드렛일도 불평 한 번 늘어놓지 않고 기꺼이 하지요. 이것이야말로 당신의 최대 장점이에요. 내 말이 기분 좋게 들릴 리 없다는 건 나도 잘 알아요. 하지만 당신이 고된 일을 마다하지 않음으로써 우리를 구원해주지 않았더라면 회사가 어떻게 되었을지…… 상상하기도 싫군요."

다른 사람들도 동의를 표했다.

"그리고 단점에 관해 말하자면, 당신은 회의 중에 너무 많이 뒤로 물러나 있어요. 무슨 생각을 하는지 좀 더 이야기해주면 좋겠습니다."

모든 사람들이 카를로스가 어떻게 대답할 것인지 기다렸다. 그러나 그는 단지 고개를 끄덕이며 종이에 적을 뿐이었다.

"알겠습니다."

다음 차례는 제이알이었다. 그는 카를로스의 말을 흉내 내며 이렇게 이야기를 꺼냈다.

"분명히 말하건대, 저의 장점은 업무 완수 능력과 업무에 대한 세심한 주의력입니다."

사람들은 모두 유쾌하게 웃어댔다. 분위기가 진정되자 제이알이 말을 이었다.

"진지하게 말하자면, 저는 고객들과 강한 유대관계를 형성하는 데 뛰어나다고 생각합니다. 그 점만큼은 정말 자신 있습니다."

그의 겸손한 태도에 모두 고개를 끄덕였다.

"이번엔 좀 부족한 면을 이야기하죠. 가끔씩 이런 경우가 있습니다. 제가 볼 때 별로 중요하지 않은 업무라고 판단되면, 제 업무와 관련해서 거래 성사에 별 도움이 안 되는 일이라고 생각되면 그 업무 자체를 통째로 날려버릴 때가 있습니다."

"가끔이라고요?"

닉이 물었다. 다시 웃음소리가 터져 나왔다. 제이알은 무안한 듯 얼굴이 붉어졌다.

"알아요, 압니다. 저는 단지 제 업무수첩에 그런 느슨한 일들이 적혀 있는 꼴을 보지 못하는 건데, 그것이 팀에게는 상처가 된다고 생각합니다."

이제 마틴만이 남았다.

"이제 제 차례인 것 같군요."

그는 깊게 한숨을 내쉬었다.

"저는 제 자신에 대해 이런 식으로 이야기하는 것을 아주 싫어합니다. 그러나 굳이 해야 한다면 문제 해결 능력과 분석력 등 그와 비슷한 종류의 일에서 뛰어나다고 말하고 싶습니다. 그리고 제가 잘하지 못하는 것은 사람들과의 의사소통입니다."

그는 잠시 멈추었다가 다시 시작했다.

"그러니까 제 말뜻은, 그렇게 할 수 없다는 게 아니라 저의 경우에는 민감하지 않은 사람들이 대하기 편하다는 뜻입니다. 저는 이성적인 차원에서만 사람들과 대화하고 싶습니다. 대화를 나눌 때 '저 사람이 이 얘기를 어떻게 받아들일까'로 고민하는 일이 없었으면 좋겠습니다. 무슨 말인지 아시겠죠?"

"물론이죠."

제프가 말했다. 그는 위험을 감수하기로 결심했다.

"하지만 문제는 당신의 그런 태도가 사람들로 하여금 자신을 싫어한다고 생각하게 만들 수 있다는 겁니다. 그들은 당신에게 자신이 시간낭비에 지나지 않는다고 생각하는 거죠."

마틴은 제프의 말에 크게 실망한 것 같았다.

"아닙니다, 절대 그렇지 않아요. 시간낭비라니, 말도 안 됩니다.

하지만 제가 그런 식으로 비쳐질 수 있다는 건 이해가 갑니다. 어떻게 하면 그런 태도를 바꿀 수 있을지 모르겠군요."

오전 내내 무뚝뚝하게 앉아 있던 마이키가 처음으로 웃으며 대화에 끼어들었다.

"저런, 우리 동료께서 몇 년은 심리치료를 받으셔야겠네요. 하지만 치료를 받아도 그 습관은 쉽게 못 고칠 겁니다. 당신은 그저 오만방자한 개차반일 뿐이에요. 그렇지만 한편으로 생각해보면 실리콘밸리의 기술 책임자가 다 그렇지 않나요."

마이키를 제외하고는 아무도 웃지 않았다. 마틴은 마이키의 독설에 당황하면서도 사람들이 그녀의 말을 우스갯소리로 넘겨주길 바랐다. 그는 쓴웃음을 지으며 마음속으로 감정을 억눌렀다.

훗날 캐서린은 마이키의 발언을 그냥 넘어간 것을 자책하게 된다. 그 당시 마이키의 상태가 매우 좋지 않은 상황이었기 때문에 심한 말이 나왔을 거라고 판단했던 것이다. 사실이야 어떻든, 마이키의 행동이 다른 사람들에게 나쁜 영향을 미치고 있는 것만은 분명한 사실이었다.

공동의 성공

짧은 휴식시간이 끝나고 모두 자리에 앉자 캐서린은 논의주제를
바꾸었다.

"이제 우리는 마지막 함정으로 곧장 뛰어넘어갈 겁니다. 그러나
약점에 대한 두려움과 신뢰의 중요성에 대해서는 앞으로 한 달 동
안 수도 없이 되풀이하게 될 겁니다. 그게 마음에 걸리는 사람은
좀 더 긴장하는 편이 좋을 거예요."

마이키를 가리켜 하는 말임을 모두 눈치챘다.

캐서린은 화이트보드로 걸어가 삼각형의 맨 꼭대기 칸에 '결과
에 대한 무관심'이라고 썼다.

"결과에 대한 무관심이야말로 팀이 빠질 수 있는 궁극적인 함

정입니다. 그것은 팀 전체의 목표와 같은 조직의 결과를 도외시한 채 개인적인 성과나 사람들의 이목을 끄는 데에만 집중하는 팀원들의 성향을 말합니다."

"그건 자아에 관한 이야기인가요?"

닉이 물었다.

"글쎄요, 그것도 일부 해당되겠네요. 그러나 개인의 자아보다 더 위대한 힘을 발휘하는 조직의 자아를 만드는 것이 중요합니다."

캐서린은 '결과에 대한 무관심' 옆에 '지위와 자아'라고 적었다.

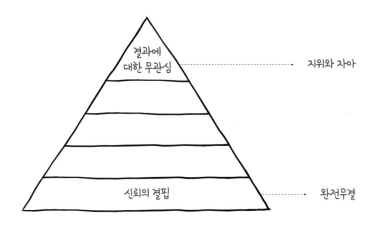

"그게 결과와 어떤 관계가 있다는 건지 잘 모르겠군요."

제프가 말했다.

"모두가 조직의 성공에 초점을 맞추고 나아간다면 개인적 자아

의 이기심을 통제할 수 있습니다. 개인의 능력이 어떻든 간에 그
가 속한 팀이 지면 모두가 지는 거니까요."

캐서린은 다른 방식으로 접근해보기로 했다.

"어제 제 남편이 고등학교 농구코치로 있다고 얘기했죠."

"그분은 정말 훌륭한 코치입니다."

닉이 말했다.

"제가 고등학교에 다닐 때에도 대학에서 코치를 맡아달라는 제
의를 계속 받고 계셨죠. 하지만 매번 그 제의를 거절하셨습니다.
그분은 전설적인 존재예요."

캐서린은 남편이 자랑스러웠다.

"고마워요, 닉. 분명 남편은 뛰어난 사람이에요. 머릿속이 온통
자신의 팀에 대한 생각으로 가득 차 있는 사람이죠. 하지만 훌륭
한 팀을 키워냈는데도 그가 가르친 아이들 중에 좋은 대학에서 운
동을 계속하는 경우는 거의 없어요. 솔직히 말해서 뛰어난 재능을
지닌 아이들이 아니거든요. 그런데 그 아이들이 시합에 나가면 승
리를 거둡니다. 바로 팀을 위한 농구를 하기 때문이죠. 개인의 승
리가 아닌 팀을 위한 농구를 하기 때문에 자신들보다 훨씬 키가
크고, 빠르고, 재능 있는 아이들이 몰려와도 늘 물리치곤 하는 겁
니다."

바로 그 아이들에게 여러 번 져본 경험이 있는 닉은 의심의 여
지가 없다는 듯 고개를 끄덕였다.

"남편은 가끔씩 팀의 성적에 신경 쓰지 않는 선수를 방출하곤 했어요. 몇 년 전에도 그런 일이 생겼습니다. 오로지 자신의 개인 기록, 리그 대표로 선발될 수 있는지, 자기 사진이 신문에 났는지 따위에만 관심을 가진 아이가 있었어요. 팀이 져도 자기 득점이 높으면 기뻐하고, 팀이 이겨도 자기 득점이 적으면 시무룩해하는 아이였죠."

얀이 물었다.

"부군께서는 그 아이를 어떻게 하셨죠?"

캐서린은 미소를 지었다. 그녀는 사람들에게 남편에 대해 좀 더 많이 이야기해주고 싶었다.

"그 아이는 팀에서 가장 재능 있는 선수였어요. 하지만 남편은 그 아이를 벤치에 앉혀두었습니다. 그리고 그 아이가 빠진 팀은 더 좋은 성적을 냈고요. 결국 그 아이는 팀을 떠나고 말았습니다."

"가혹하군요."

제이알이었다.

"맞아요. 하지만 그 아이는 이듬해에 완전히 다른 모습으로 돌아왔어요. 그리고 대학에 진학해서도 계속 운동을 하게 되었지요. 지금 그 친구에게 물어보면 아마 그때가 자신의 인생에서 가장 중요한 시기였다고 말할 거예요."

얀이 다시 물었다.

"많은 이들이 그 아이처럼 변할 수 있다고 생각하십니까?"

캐서린은 머뭇거리지 않고 대답했다.

"아니요. 그런 아이가 한 명 있다면, 결코 변하지 않는 아이는 열 명쯤 될 겁니다."

사람들은 그녀의 단호한 대답에 정신이 번쩍 드는 것 같았다. 그들 중 최소한 한 명 이상은 그 순간 마이키를 떠올렸을 것이다.

"가혹한 얘기처럼 들릴지 모르지만, 남편은 늘 자신의 역할은 선수들의 경력을 챙겨주는 게 아니라 최고의 팀을 만들어내는 것이라고 말합니다. 그리고 그것이 나의 임무에 대해 내가 내린 결론이기도 합니다."

이때 제프가 사람들에게 질문을 던졌다.

"혹시 학창시절에 운동해본 사람 있습니까? 단체경기 말입니다."

캐서린은 제프가 발의한 논의가 다소 즉흥적이기는 해도 팀워크를 이야기하기에 좋을 것 같다고 판단했다.

닉은 대학교 때 농구를 했다고 말했고, 카를로스는 고등학교 때 미식축구 선수였음을 고백했다. 또 마틴은 자랑스럽게 말했다.

"나는 축구를 했어요. 진짜 축구 말이에요."

유럽에서 온 동료의 말에 모두가 키득거렸다.

마이키는 고등학교 때 육상선수였다고 말했다.

"어, 그건 개인경기가……."

닉의 말을 마이키는 영리하게 끊었다.

"계주선수였어요."

캐서린은 배구선수 시절을 다시 이야기했고, 얀은 자신이 치어리더였으며 댄싱팀의 일원이었다고 말했다.

"누구든 그런 건 팀이 아니라고 말한다면 그 사람 부서 운영비는 반으로 줄어들 줄 알아요."

얀의 말에 모두 웃음을 터뜨렸다.

제프는 자신은 운동에 소질이 없었다고 고백했다.

"저는 왜 사람들이 스포츠만이 팀워크를 배울 수 있는 유일한 길이라고 생각하는지 이해할 수 없어요. 저는 운동과는 거리가 멀었지만, 학창시절 밴드부 활동을 하면서 팀이란 무엇인지 고민하게 되었던 것 같습니다."

캐서린은 토론의 주도권을 되찾아올 만한 기회를 발견했다.

"좋은 지적이에요, 제프. 사람들은 물론 여러 가지 다양한 활동을 통해서 팀워크를 배울 수 있어요. 그러나 팀에 관해 이야기할 때 스포츠가 대두될 수밖에 없는 이유가 있습니다. 그게 뭔지 아는 사람 있나요?"

캐서린은 은연중에 교사 기질이 드러나는 행동을 보였다. 그녀는 자신의 '학생'들에게 스스로 답할 수 있는 기회를 주고 싶었다.

"점수요."

마틴이었다. 그리고 늘 그렇듯이 자신의 답변에 별다른 설명을 덧붙이지 않았다.

"왜 그렇게 생각하죠?"

캐서린은 마치 학생을 다루듯 물었다.

"글쎄요, 대부분의 스포츠는 경기가 끝나면 정확히 점수가 나오고 승자와 패자가 결정됩니다. 모호한 결과가 나올 여지가 거의 없지요. 그건 무얼 의미하는가 하면……."

마틴은 적절한 단어가 생각나지 않는 듯했다.

"그러니까 그건 개인적인 자아가 주도하는, 주관적이면서도 해석하기 나름인, 그런 식의 성공을 거둘 여지가 거의 없다는 거죠."

마틴은 자신의 답변이 만족스럽지 않은 듯했지만, 다른 사람들은 모두 알겠다는 듯 고개를 끄덕였다.

제이알이 물었다.

"그렇다면 운동선수들에게 개인적인 자아 같은 건 없다는 겁니까?"

마틴이 어떻게 대답해야 할지 몰라 당혹스러워하자 캐서린이 끼어들었다.

"물론 운동선수들도 욕심 많은 자아를 갖고 있지만, 위대한 운동선수의 자아는 대개 하나의 분명한 결과와 연결됩니다. 바로 승리죠. 그들은 이기고 싶어 합니다. 올스타팀에 선발되고, 시리얼 상자에 자신의 사진이 실리고, 큰돈을 버는 것 이상으로 승리를 원합니다."

"그런 팀이 아직도 존재할지는 장담할 수 없겠는데요. 최소한 프로 스포츠의 세계에서는 그런 얘기가 통하지 않죠."

닉이 단언하듯 말하자 캐서린은 미소를 지었다.

"그렇기 때문에 '희소성의 미덕'이 생겨나는 겁니다. 팀워크가 훌륭한 팀은 그렇지 못한 팀에 비해 엄청난 장점을 갖게 되는 것입니다. 경쟁하는 다른 팀들이 그저 자기밖에 모르는 개인들의 무리에 지나지 않을 테니까요."

마이키가 조금 짜증난다는 투로 말했다.

"도대체 그런 이야기가 소프트웨어 회사하고 무슨 상관이 있죠?"

캐서린은 마이키와 함께할 수 있을지 서서히 의심이 들기 시작했지만 끝까지 노력해보기로 했다.

"또 다른 좋은 질문이군요. 지금까지 한 이야기는 모든 면에서 우리와 관계가 있습니다. 우리는 축구경기의 점수만큼이나 공동의 결과를 중시하게 될 것입니다. 성공과 관련된 문제만큼은 그 어떤 미묘한 해석의 여지도 남겨놓지 않을 것입니다. 그래야만 개인적인 자아가 조용히 스며들 수 있는 기회를 만들 수 있기 때문이죠."

"우리는 이미 전광판을 갖고 있지 않나요?"

마이키도 끼어들었다.

"손익에 관해 이야기하는 건가요?"

캐서린의 질문에 마이키는 고개를 끄덕였다. 마치 '그거 말고 또 뭐가 있겠어요' 하는 듯한 표정이었다. 캐서린은 꾹 참으며 말을 이었다.

"분명 이익도 결과를 구성하는 큰 부분입니다. 그러나 나는 팀의 결과로 삼을 수 있는 다른 기준들에 대해 이야기하고자 합니다. 만일 이익을 결과를 판정하는 유일한 기준으로 삼는다면 우리는 회계연도가 끝나기 전까지 팀이 제대로 가고 있는지 알 길이 없게 될 테니까요."

"이제는 나도 헷갈리는군요."

카를로스가 말했다.

"이익이야말로 거의 유일하게 중요한 점수 아닌가요?"

캐서린은 미소를 지었다.

"좋아요, 내가 한번 간단하게 말해볼게요. 우리의 임무는 우리가 공동의 목표에 도달하는 동안 어느 누구도 개인적인 사정이나 자존심만 챙기는 일 따위는 할 엄두도 내지 못하게 만드는 것입니다. 왜냐하면 개인의 사정이나 자존심만 챙기게 될 경우 공동의 목표를 성취할 수 있는 능력이 저하되고 말 테니까요. 우리는 함께 지고 마는 겁니다."

사람들은 조금씩 깨달아가는 듯했다. 캐서린은 더욱 세게 밀어붙였다.

"열쇠는 목표 설정에 있습니다. 목표는 단순하면서도 곧바로 실천에 옮길 수 있을 만큼 구체적이어야 합니다. 이익은 구체적인 행동과 쉽게 연결되지 않는 면이 있습니다. 어떤 일을 해야 할 것 인지, 우리의 일상에 좀 더 밀접하게 관련시켜 찾을 필요가 있습 니다."

캐서린은 잠시 말을 멈추었다 계속했다.

"그럼 지금 당장 우리가 무슨 일을 할 수 있는지 알아보기로 하 죠."

크로스체크

캐서린은 임원들을 두세 명의 소그룹으로 나누었다. 그리고 그룹별로 팀의 전광판이 될 만한 것이 무엇인지 제안해보도록 했다.

"항목의 수에는 제한을 두지 말고, 생각나는 대로 써보세요."

한 시간이 넘는 논의 끝에 총 일곱 가지로 좁혀졌다. 그것은 바로 수익, 비용, 신규고객 확보, 고객만족도, 이직률, 시장인지도, 품질이었다. 또한 이런 요소들은 매달 측정되어야 했는데, 분기가 끝날 때까지 기다리면 문제를 찾아내고 잘못을 수정할 수 있는 시간이 부족해지기 때문이다.

토론이 회사 얘기로 흘러가자 회의실 안에 남아 있던 다소 가벼운 분위기는 사라져가는 듯했다. 이제 비판적인 발언들이 터져 나올 때가 되었다.

첫 테이프는 마틴이 끊었다.

"미안하지만 캐서린, 사실 별로 새로운 얘기는 없군요. 그런 것들은 우리가 지난 아홉 달 동안 사용해왔던 측정도구들과 다를 바가 없습니다."

제이알이 보태고 나섰다.

"마틴 말이 맞습니다. 이 중 성과 향상에 직접적인 도움을 줄 만한 것은 없습니다. 솔직히 말해서 어떻게든 거래를 성사시키고 그 관계를 단단히 유지해나가는 일 외에 중요한 일은 없지 않나 싶습니다만……."

캐서린은 웃음이 터져 나오려는 걸 간신히 참았다. 그녀가 예상한 대로 상황이 흘러가고 있었기 때문이다. 그동안의 경험에 따르면, 사람들은 분위기가 좋다가도 회사 이야기만 나오면 바로 비판적인 자세로 바뀌며 경직되곤 한다. 그러나 캐서린은 이미 준비되어 있었다.

"좋아요, 마틴. 시장인지도 측면에서 지난 분기 우리 회사의 목표가 뭐였는지 말해줄 수 있나요?"

마이키가 상사의 표현을 고쳐주었다.

"그런 걸 보통 대외홍보업무, 즉 PR이라고 부릅니다."

"네, 그렇군요."

캐서린은 다시 마틴을 향해 물었다.

"지난 분기 우리 회사 PR의 목표가 뭐였는지 정확하게 말해주겠어요?"

"모르겠습니다. 아마 마이키가 알 겁니다. 물론 우리 회사의 제품개발 일정에 관해서라면 제가 말씀드릴 수 있습니다."

"그렇군요. 그럼 지난 분기에 우리가 대외홍보를 위해 어떤 일을 했는지 그것만 말해보세요."

캐서린은 다시 마틴에게 질문을 던졌다. 그녀는 한 회사의 임원이라면 이 문제의 답을 알고 있어야 한다는 점을 분명히 했다.

마틴은 곤혹스러워했다.

"잘 모르겠습니다. 그 건에 관해서는 제프와 마이키가 이야기하는 게 맞다고 생각합니다. 어쨌든 판매지수를 보면 우리가 썩 잘하지는 못했다고 생각합니다."

여기에 마이키가 의외로 담담하게 대응했다. 그러나 그녀의 발언은 사람들을 더욱 불쾌하게 만들었다.

"나는 매주 홍보에 관한 데이터를 들고 회의에 참석했어요. 하지만 아무도 관심을 갖지 않더군요. 게다가 제대로 파는 것도 없는데 우리 부서라고 언론에 무슨 할 말이 있겠어요."

그 말에 가장 발끈할 사람은 제이알이었지만 정작 응수에 나선 사람은 마틴이었다. 그는 사뭇 냉소적인 태도로 말했다.

"그것 참 재미있군요. 나는 마케팅의 목적이 판매 촉진에 있다고 생각해왔는데, 제가 거꾸로 알고 있었나 봅니다."

마틴의 이야기는 들을 필요도 없다는 듯 마이키는 계속해서 자신의 입장만 변호하고 나섰다.

"지금 우리의 문제는 마케팅에 있지 않다고 생각합니다. 사실 현재의 여건을 참작해보면 우리 부서는 업무를 아주 잘 수행하고 있는 편이죠."

카를로스는 이렇게 말하고 싶었다.

'회사가 지고 있는 상황에서 당신 부서만 잘한다고 말할 수는 없습니다. 회사가 지면 우리 모두 지는 거니까요. 각자 자기 부서만 잘했다고 정당화할 수는 없는 겁니다.'

그러나 그는 마이키를 더 이상 막다른 골목으로 몰고 싶지 않았다. 조금만 더 공격을 받으면 그녀가 또 한바탕 쏘아붙일지 모르기 때문이다. 그는 잠자코 있기로 했다.

캐서린은 더 많은 이야기들이 쏟아져 나오면서 한바탕 혼전이 치러질 것을 예상했다. 그러나 상황은 정반대로 흘러갔다.

아무도 말을 하지 않은 것이다. 그리고 한번 중단된 대화는 되살아날 기미를 보이지 않았다.

캐서린은 마음속으로 생각했다.

'이것이 디시전테크라는 팀의 운영방식이군.'

각자의 사정

캐서린은 지금 대화의 흐름을 놓쳐서는 안 되겠다고 생각했다.

"자, 다시 이야기를 시작해봅시다. 혹시 목표 달성이 위기에 처했을 때 그 해결방안으로 분기 중간이라도 한 부서에 배정된 자원을 다른 부서로 넘겨주는 문제에 관해 논의해본 적 있습니까?"

사람들의 얼굴은 딱 이렇게 말하고 있었다.

'한 번도 없습니다.'

"회의 중에 세부적인 목표를 검토하고, 그 목표에 얼마나 도달했는지, 또 못했다면 왜 그랬는지에 대해 철저히 파고들면서 논의해본 적 있습니까?"

캐서린은 이미 답을 알고 있었다. 이때 제프가 설명하기 시작했다.

"저는 그동안 마이키는 마케팅, 마틴은 제품개발, 제이알은 영업, 이런 식으로만 생각해왔습니다. 내가 할 수 있는 일이라면 열심히 뛰어들었지만, 그렇지 않다고 판단되면 각자의 고유영역 내에서 제각기 책임을 지도록 내버려두었습니다. 그리고 문제가 생겼을 때는 일대일로 만나 처리했고요."

캐서린은 또다시 스포츠 경기에 비유해 이야기했다. 그녀는 이 비유가 사람들에게 잘 통할 것이라고 기대했다.

"전반전이 끝나고 라커룸으로 들어가는 농구코치를 상상해봅시다. 그는 팀의 센터포워드를 자기 방으로 불러서 전반전에 대해 일대일로 대화합니다. 그러곤 포인트가드, 슈팅가드, 스몰포워드, 파워포워드를 차례로 불러서 똑같은 행동을 반복합니다. 선수들 중 누구도 코치가 다른 선수에게 무슨 얘기를 했는지 알 수 없는 상태에서 후반전이 시작됩니다. 후반전에서 그들은 더 이상 팀이 아닙니다. 그건 단지 개인들을 한데 모아놓은 것에 불과하죠."

회의실 안에 있는 사람들은 그것이 바로 현재 디시전테크 임원진의 모습임을 또렷이 느꼈다.

캐서린은 말을 이었다.

"여러분 모두가 영업에 대한 책임을 지고 있습니다. 제이알 한 명만이 아닙니다. 여러분 모두 마케팅에 대한 책임이 있어요. 마이키만이 아니고요. 여러분 모두 제품개발, 고객서비스, 재무관리에 책임이 있는 겁니다. 무슨 뜻인지 아시겠죠?"

캐서린의 부인할 수 없는 명쾌한 설명 앞에서 임원들은 지금껏 조직의 일원으로서 자신들이 보여준 부적절한 태도가 적나라하게 드러나는 것 같아 불편한 마음을 감출 수가 없었다. 워크숍 기간 동안 희미하게나마 살아 있는 듯 보였던 일치단결에 대한 환상이 완전히 사라져버린 것 같았다.

닉은 더 이상 못 참겠다는 듯 고개를 가로저으며 말했다.

"나는 우리가 과연 이 테이블에 둘러앉아 있을 만한 적임자들인지 궁금해지는군요. 지금은 알맹이 있는 고객들을 끌어들이고, 필요하다면 다른 회사와 전략적 동반관계를 맺을 수 있는 장거리 타자들이 필요한 상황인지도 모르겠습니다."

제이알은 영업에 관한 간접적인 공격에 기분이 언짢아졌지만 반응을 보이지 않았다.

반응은 캐서린에게서 나왔다.

"여러분, 혹시 경쟁사의 웹사이트를 둘러본 적 있나요?"

갑자기 무슨 이야기인가 싶은 얼굴로 몇 명이 고개를 끄덕였다.

"그럼, 그 경쟁회사 임원들의 개인적인 실적에 대해 알고 있습니까?"

사람들은 '혹시……' 하는 눈빛으로 캐서린을 바라보았다.

"네, 맞아요. 우리의 경쟁사들은 자신들의 팀에 장거리 타자를 데리고 있지 않습니다. 그런데도 어떻게 여러분보다 많은 발전을 이루고 있는지 알고 있습니까?"

제프가 별로 내키지 않는 얼굴로 설명했다.

"글쎄요. 와이어드바인야드는 휴렛팩커드와 협력관계를 맺었고, 텔레카트는 서비스를 전문화하는 방식으로 매출을 올리고 있던데요."

캐서린은 다시 물었다.

"그럼, 왜 여러분은 그들처럼 협력관계를 구축하거나 사업 계획을 융통성 있게 조정할 수 없었죠?"

얀이 손을 들었다. 그녀는 캐서린이 자신이 손을 든 것을 볼 때까지 기다리지 않고 이야기를 시작했다.

"캐서린, 제 말을 오해하지 말고 들어주세요. '여러분'이라고 하지 말고 '우리'라고 할 수는 없을까요? 당신은 디시전테크의 CEO예요. 이 팀의 일원이란 말이죠."

순간 회의실 안은 시간이 멈춘 듯했다. 임원들은 얀의 날카로운 지적에 캐서린이 어떻게 대처할 것인지 궁금했다. 캐서린은 아래를 내려다보며 생각을 가다듬고는 입을 열었다.

"당신 말이 맞아요. 나는 지금 경영자문을 하러 온 게 아니에요. 그 점을 일깨워줘서 고마워요. 어쩌면 나는 아직도 이 팀의 일원이라고 진심으로 생각하지 못하는지도 모르겠어요."

"피차일반이군요."

얀의 대답에 모두들 깜짝 놀랐다.

"그게 무슨 뜻이죠?"

닉이 물었다.

"다른 분들은 어떨지 모르겠지만 나는 재무에 관련된 일 말고는 회사에서 어떤 일이 진행되든 나와는 상관없다고 생각할 때가 많거든요. 때로는 나도 경영자문 정도로 느껴질 때가 있어요. 전에 일했던 회사에서는 영업이나 회사운영에 더 많이 관여하곤 했는데, 이제는 내 영역 안에 완전히 고립되어 있다는 느낌이 들어요."

카를로스가 그녀의 말에 동의했다.

"맞습니다. 임원 회의 때 보면 마치 마음속에 각자 다른 목표를 갖고 있는 사람들처럼 보일 때가 있어요. 어떻게 하면 자기 부서가 더 많은 예산을 타낼 수 있을지, 어떻게 하면 자기 영역 밖의 업무에서 발을 뺄 수 있을지만 궁리하는 것처럼 보일 때도 있고요."

누구도 카를로스의 논리에 반박하지 못했다. 그는 계속 말을 이었다.

"여러분은 내가 마치 뭐든지 자발적으로 나서서 처리하는 천사 같은 사람이라고 생각하는데, 그건 내가 천사여서가 아닙니다. 나는 그저 예전 회사의 사람들이 일했던 방식을 따라 했을 뿐입니다."

캐서린은 팀의 몇 사람이 과감한 돌파를 시도하고 있다는 사실에 다소 마음이 놓였다. 그녀는 말했다.

"회사 안 여기저기서 벌어지는 정치놀음에 어안이 벙벙할 지경입니다. 그리고 그런 현상은 우리가 이루고자 하는 게 무언지 확실히 인지하지 않았기 때문에 벌어진 결과입니다. 그래서 사람들은 더욱 거리낌 없이 개인적인 성공에만 관심을 갖게 된 것이지요."

닉은 이제 심하게 눈살을 찌푸렸다.

"잠깐만요. 나도 우리가 실리콘밸리에서 최고로 훌륭한 경영진이 아니라는 점에는 동의합니다. 하지만 정치적이라고까지 말한 건 좀 지나치지 않습니까?"

"아니요, 나는 이 조직이 지금껏 본 조직 중에서 가장 정치적이라고 생각합니다."

말을 하고 난 후, 캐서린은 조금 신중히 말했어야 했다고 후회했다. 그녀는 곧 회의실 안에 있는 사람들이 똘똘 뭉쳐 자신의 가혹한 비판에 도전해올 것임을 예상했다.

제프마저 문제를 제기하고 나섰다.

"캐서린, 그건 나도 납득할 수 없습니다. 그런 생각은 당신이 첨단 산업 분야에서 일해본 적이 없기 때문에 드는 게 아닐까요? 나는 정말 심한 정치판이었던 회사에서 일해본 적이 있는데 그에 비한다면 우리 회사는 그 정도로 심각하지는 않은 것 같습니다."

캐서린은 대답하고 싶었지만, 다른 사람들의 공격을 일단 다 받아두기로 했다.

닉이 다시 말을 꺼냈다.

"나는 우리 정도면 보통이라고 생각합니다. 이건 다른 회사 임원들에게 들은 얘기를 토대로 말씀드리는 겁니다. 이곳은 고달픈 시장입니다."

다음 차례는 마이키였다.

"나도 닉의 말에 동감해요. 나는 당신이 특별히 절묘한 시점에 회사에 합류하게 되었다고 말하고 싶어요. 그리고 몇 주 지나지도 않았는데 벌써부터 그런 얘기를 꺼내는 건 무척 성급한 행동으로 여겨지는군요."

비록 동료들이 그녀의 가혹한 일침에 동의를 표하지는 않았지만, 마이키는 적어도 이 문제에 관해서 만큼은 사람들이 자신의 말에 이의를 달지 않을 것이라고 확신했다. 지금이 신임 보스와의 힘겨루기에서 유리한 고지를 차지할 수 있는 기회라는 사실을 모두 알고 있을 터였기 때문이다.

캐서린은 더 이상 비판의 소리가 나오지 않을 때까지 기다린 후 답변을 시작했다.

"먼저 나의 평가가 가볍게 들렸다면 사과할게요. 내가 첨단 산업 분야에서 일한 적이 없다는 점에서는 여러분의 말이 맞습니다. 그렇기 때문에 나의 판단 기준이 우리 회사의 현실과는 약간 어긋날 수도 있겠군요."

캐서린은 잠시 말을 멈추고 자신의 불완전한 사과가 받아들여질지 가만히 지켜보았다. 그 결과 아직 자신의 다음 문장을 '그러나'로 시작할 때가 아님을 확인했다.

"그리고 나는 여러분 앞에서 거짓으로 겸손한 척하는 사람은 되고 싶지 않습니다. 그런 태도는 우리의 목표를 이루는 데 도움이 되지 않으니까요."

캐서린은 임원들 중 적어도 얀, 카를로스, 제프는 자신의 이야기를 곡해하지 않고 진지하게 받아들이고 있음을 느꼈다.

"또한 나는 현재 우리가 처해 있는 상황의 심각성을 축소하고 싶지도 않습니다. 우리는 큰 문제를 안고 있어요. 그리고 지난 몇 주 동안 충분히 관찰해본 결과, 우리 조직은 정치적인 문제를 갖고 있었습니다."

임원들의 반발에 사과하기는 했지만, 캐서린은 결코 물러서지 않았다.

"그리고 솔직히 말해서, 나는 문제를 축소해서 말하는 것보다는 과장해서 말하는 것을 선호하는 편입니다. 하지만 그건 오로지 팀 전체의 이익을 위한 것이지 내 개인의 만족을 위한 것은 아닙니다. 그 점에 대해서는 여러분에게 확실히 말할 수 있습니다."

워크숍 일정 동안 보여준 일관된 말과 행동으로 그녀의 확고한 신념을 확인한 임원들은 비로소 캐서린이 정말로 진지하게 판단을 내렸음을 믿는 눈치였다.

닉은 미간을 찌푸렸다. 화가 났다기보다는 혼란에 빠진 것 같았다.

"그렇다면 당신이 의미하는 정치가 무엇인지 정확하게 이야기해주십시오."

잠시 생각에 잠겼던 캐서린은 마치 책의 한 구절을 인용하듯 대답했다.

"정치란, 사람들이 말과 행동을 할 때 자신이 생각하는 대로 하지 않고 다른 사람들이 어떻게 반응할 것인가에 따라 하는 것을 말합니다."

회의실은 갑자기 조용해졌다. 이때 마틴이 어느 때보다 진지한 자세로 침묵을 깨뜨렸다.

"그렇다면 우리는 확실히 정치적이군요."

사람들을 웃길 의도는 전혀 없었는데도 카를로스와 얀은 크게 웃음을 터뜨렸다. 제프는 가볍게 미소를 지으며 조용히 고개를 끄덕였다.

캐서린은 매우 설득력 있게 요점을 제시하긴 했지만, 사람들이 아직도 자신의 주장을 받아들일 것인지 아니면 다시 한번 공격할 것인지 결정하지 못하고 있음을 알 수 있었다. 하지만 곧 다음 차례가 '공격'이 되리라는 것이 거의 확실해졌다.

공격

캐서린을 공격한 사람이 다름 아닌 제이알이었기 때문에 그녀는 무척 놀랐다. 게다가 제이알은 특별히 공손한 태도를 취하지도 않았다.

"미안합니다만, 나머지 함정이 무엇인지 알게 되는 데 우리가 또다시 3주라는 시간을 기다려야 하는 건 아니겠죠? 그게 뭔지 그냥 말해주면 안 되겠습니까? 그래야 우리도 뭐가 잘못 돌아가고 있는지 알고 일을 할 게 아닙니까?"

캐서린은 다른 사람도 아닌, 그동안 가장 협조적이었던 제이알이 추궁하는 투로 물어오자 충격을 받았다. 그녀는 지금껏 어렵사리 만들어온 친밀관계가 한순간에 무너져버렸다는 생각에 잠시 동안 실망을 금치 못했다. 그러나 캐서린은 조직의 진정한 변화는 이런 식의 솔직한 저항도 있어야 가능하다는 사실을 떠올렸다.

캐서린은 자신이 구상한 계획대로 차근차근 풀어나가고 싶었지만, 결국 제이알의 권고를 받아들이기로 결심했다.

"네, 그렇게 하죠. 그럼 나머지 세 가지 함정이 무엇인지 확인해봅시다."

모든 함정 공개

캐서린은 화이트보드 앞으로 걸어갔다. 그러고 나서 밑에서 두 번째 칸을 채우기 전에 사람들에게 질문을 던졌다.

"여러분은 왜 신뢰가 중요하다고 생각하죠? 서로를 신뢰하지 않는 조직의 약점은 무엇입니까?"

몇 초 동안의 침묵이 흐른 후, 얀이 캐서린을 거들고자 대답했다.

"사기나 비효율성의 문제 등이 있겠지요."

"그 답은 조금 광범위하군요. 나는 신뢰가 왜 그토록 필요한 것인지 구체적인 이유를 찾고 있습니다."

아무도 대답하려고 하지 않자 캐서린이 신속하게 답을 내놓았다. 그녀는 '신뢰의 결핍'이라고 적힌 삼각형 위 칸에 '충돌의 두려움'이라고 적었다.

"만약 우리가 서로를 신뢰하지 않는다면 우리는 충돌의 상황에 뛰어들지 않을 겁니다. 그 상황이 개방적이고 건설적일지라도 말입니다. 그리고 겉으로 보기에 융화된 것처럼 행동하면서 아무 문제없이 잘 지내게 되겠죠."

캐서린은 '충돌의 두려움' 옆에 '인위적인 융화감'이라고 적었다.

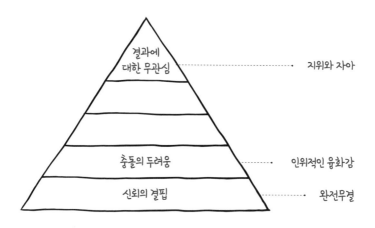

닉이 반박하고 나섰다.

"하지만 우리는 이미 꽤 충돌하고 있는 것 같은데요. 겉으로 보기에도 융화가 잘된다고 말할 수 있는 상황은 아닌 것 같습니다."

캐서린은 고개를 가로저었다.

"아니요, 긴장관계가 형성되어 있긴 하지만 건설적인 충돌은 거의 일어나지 않고 있습니다. 수동적이고 냉소적인 비난은 내가 말하는 충돌에 속하지 않습니다."

카를로스가 입을 열었다.

"그런데 융화가 왜 문제라는 거죠?"

"문제는 충돌의 부재에 있습니다. 물론 융화 자체는 정말 좋은 것이지요. 그 융화가 지속적인 갈등과 충돌의 과정을 거쳐 걸러지고 돌고 돌아서 나온 결과라면 말이죠. 그러나 그런 게 아닌, 눈 가리고 아웅 식의 융화라면 그건 나쁜 것이라고 할 수 있습니다. 나는 그런 잘못된 융화를 택하기보다 차라리 문제가 생길 때마다 치열하게 논쟁하고, 논쟁이 끝난 후엔 아무런 뒤끝 없이 헤어지는 분위기를 택하겠습니다."

카를로스는 그녀의 설명을 받아들였다. 그런데 이번에는 캐서린이 다시 쓸데없는 위험을 자초했다.

"몇 차례 임원 회의를 참관해본 결과, 나는 여러분이 알맹이 없는 논쟁을 한다는 걸 확신하게 되었어요. 때로는 욕구불만이 미묘한 비판의 형태로 드러나기도 하지만, 대개의 경우 꾹 참았다가 도로 갖고 돌아가더군요. 내 말이 맞나요?"

비유하듯 돌려서 묻는 캐서린의 질문에 마틴은 그녀를 자극하는 듯한 답변을 내놓았다.

"그렇다면 우리가 좀 더 많은 논쟁을 벌이기 시작한다고 가정해봅시다. 그게 어떻게 우리를 효율적으로 만든다는 겁니까? 설사 어느 정도 그렇게 된다고 해도 그러려면 아무래도 많은 시간이 필요할 겁니다."

마이키와 제이알이 고개를 끄덕였다. 캐서린은 그들을 대적할 준비가 되어 있었지만 얀과 카를로스가 끼어들었다.

얀이 먼저 시작했다.

"여러 가지 문제에 엄중하게 대처하지 않음으로써 그동안 우리가 많은 시간을 낭비했다고는 생각하지 않나요? IT 외주 건에 관해 얼마나 오랫동안 이야기했죠? 제 생각엔 매주 회의 때마다 거론되었던 것 같은데요. 우리 중 절반은 찬성하고 절반은 반대했죠. 그래서 결론이 나지 않았고요. 그 이유는 단지 다른 사람을 진짜로 화나게 하고 싶은 사람이 아무도 없었기 때문이라고 생각되는데요."

카를로스가 이전까지 쉽게 볼 수 없었던 확신 있는 태도로 얀의 말을 거들었다.

"그리고 역설적이게도, 그런 태도가 오히려 우리를 진짜 짜증나게 만들었죠!"

마틴도 이제 뭔가 알 것 같았다. 그는 나머지 함정에 관해 알고 싶어졌다.

"좋습니다. 다음은 뭐죠?"

캐서린은 마틴에게서 승인을 받아낸 것이나 다름없었다. 그녀는 화이트보드 쪽으로 돌아갔다.

"팀이 빠지기 쉬운 다음 함정은 '헌신의 결핍'입니다."

캐서린은 삼각형의 세 번째 칸에 '헌신의 결핍'이라고 쓴 뒤 그 옆에 '애매성'이라고 적었다.

"그리고 이번 함정에 대한 증거는 애매성입니다."

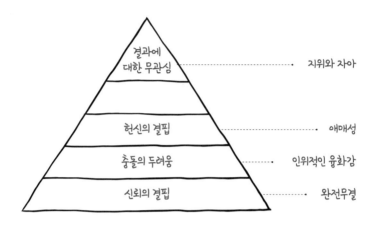

닉이 또 끼어들었다.

"헌신이요? 그 말은 꼭 아내가 결혼 전에 제게 불평하던 소리처럼 들리는데요."

사람들은 그의 썰렁한 농담에 키득거렸다.

"나는 계획이나 결정에 헌신하고 모든 사람이 그것을 철저하게 자신의 것으로 만드는 걸 말하고 있는 겁니다. 그래서 충돌이 중요한 것입니다."

마틴은 주저 없이 자신이 혼란에 빠졌음을 고백했다.

"무슨 말인지 이해가 되지 않습니다."

"아주 간단한 이야기입니다. 사람들이 자신의 의견은 말하지 않고 다른 사람의 의견만 듣겠다는 자세를 보일 때, 그들은 실제로 한 배를 탄 것이 아닙니다."

"적어도 CEO인 당신이 그렇게 만든다면 따라야 할 텐데요."

닉이 반격했다.

"아마도 부군께서는 단거리 달리기 연습을 선수들의 투표로 결정하지는 않을 것 같습니다만."

이런 식의 반박이라면 캐서린은 대환영이었다.

"그럼요, 당연히 그렇게 하지 않습니다. 그러나 제 남편은 아이들에게 그것을 하지 않을 이유가 있는지 말해보게 할 겁니다. 그리고 남편이 만일 아이들의 의견에 동의하지 않는다면, 아마 틀림없이 동의하지 않을 거라 생각됩니다만, 아이들에게 그 이유를 충분히 설명해줄 겁니다. 그런 다음 아이들을 달리기 연습장으로 데리고 가겠지요."

"그렇다면 그건 만장일치의 문제가 아니라는 얘기군요."

얀이 중요한 지적을 했다.

"결단코 아니죠."

또다시 선생님 말투가 튀어나온 캐서린은 단호하게 말했다.

"만장일치란 정말 끔찍한 겁니다. 물론 모든 사람이 어떤 문제에 관해 진심으로 동의함으로써 만장일치가 신속하고 자연스럽게 이루어진다면, 그건 정말 멋진 일이겠죠. 하지만 그런 경우는 흔하지 않습니다. 그렇기 때문에 만장일치란 단지 모든 사람을 인위적으로 기쁘게 해주려는 시도에 불과한 것이 되죠."

"대개의 경우 그런 식의 의견일치는 오히려 모든 사람을 불쾌하게 만듭니다."

말을 하는 제프의 얼굴이 일그러졌다. 과거의 나쁜 기억을 떠올리는 것 같았다.

"네, 맞아요. 그런데 한 가지 주목할 점은 정말로 합리적인 사람이라면 토론 중에 자신의 의견만을 고집하지 않는다는 겁니다. 합리적인 사람은 남의 이야기를 듣고, 자신이 내놓은 제안과 정보가 사람들 사이에서 고려되는 것만으로도 충분히 의미 있다고 생각합니다."

"그렇다면 헌신의 결핍은 어디에서 문제를 일으킵니까?"

닉이 물었다.

"글쎄요, 어떤 팀은 만장일치에 도달하지도 못하고 논쟁의 상처를 극복할 능력도 없는 바람에 아예 기능이 마비될 지경까지 이르기도 하더군요."

제이알이 소리쳤다.

"동의하지 말고 헌신하라!"

"무슨 뜻이죠?"

캐서린이 물었다.

"제가 전에 다니던 회사에서는 그런 걸 두고 '동의하지 말고 헌신하라'라고 말하곤 했죠. 어떤 사안을 논의할 때 거기에 찬성하지 않을 수는 있지만, 그래도 일단 결정이 내려지면 혼신을 다해 전념하라는 겁니다. 마치 원래부터 그 결정에 동의했던 사람처럼 말입니다."

제이알의 말에 제프는 무언가 떠오른 것 같았다.

"나는 어디서 충돌이 개입하는지 알겠어요. 사람들이 진정한 헌신을 향해 열의를 품고 있다고 하더라도, 당장 그렇게 하지는 않을 겁니다. 왜냐하면……."

카를로스가 끼어들었다.

"왜냐하면 그것이 나의 일이라고 진심으로 받아들이기 전에 철저히 검토해볼 필요가 있기 때문입니다."

임원들은 이제 이 문제를 이해하고 있는 것 같았다.

"나머지 함정은 뭐죠?"

그 목소리에 모두가 깜짝 놀랐다. 바로 마이키였기 때문이다. 그리고 실제로 그녀는 그 답을 궁금해하는 것 같았다.

캐서린은 화이트보드로 가서 삼각형의 남은 빈칸에 무언가를 적었다. 그리고 그녀가 막 설명을 시작하려는 순간 마틴이 노트북을 열어 자판을 두드리기 시작했다. 모든 사람들의 표정이 일순간 굳어졌다. 캐서린은 하던 일을 멈추고 디시전테크의 기술개발 책임자를 바라보았다. 마틴은 회의실 안에 감도는 긴장된 분위기를 전혀 눈치채지 못하는 것 같았다. 그러다 어느 순간 고개를 들었다.

"어, 아니에요. 나는 정말로, 그러니까, 나는 정말로 지금 하고 있는 얘기를 저장해두고 있는 중입니다. 보세요."

마틴은 노트북을 돌려서 모두에게 자신이 만들고 있던 문서를 보여주려고 했다. 사람들은 마틴이 자신의 행동을 해명하면서까지 팀의 규칙을 깨지 않으려고 애쓰는 모습에 깜짝 놀랐다. 캐서린은 미소를 지으며 말했다.

"네, 알겠습니다. 잘 알았으니 노트북을 제자리로 돌려놓으세요."

문득 캐서린은 사람들이 몇 시간째 쉬지 못했다는 사실을 깨달았다.

"자, 30분간 쉬도록 하지요. 이 이야기는 휴식시간 이후에 마무리 짓도록 하겠습니다."

그 순간 모두의 얼굴에 실망감이 스치고 지나갔다. 제이알은 그 사실을 대범하게 인정하고는 다른 사람들을 대표해서 말했다.

"쉬지 말고 마지막까지 다합시다."

그러고는 익살스럽게 덧붙였다.

"제 생각에 우리 중 누구도 마지막 함정이 뭔지 모르고는 밖에 나가서 편히 쉴 수 있을 것 같지가 않은데요."

캐서린은 기쁜 마음으로 제이알의 의견에 따랐다. 그녀는 삼각형의 마지막 남은 칸에 '책임의 회피'라고 적은 다음 그 옆에 '낮은 기준'이라고 썼다.

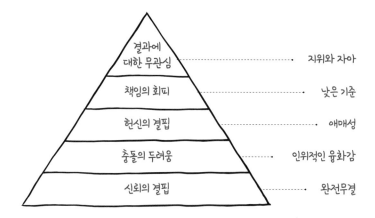

경과에 대한 무관심 .... 지위와 자아

책임의 회피 .... 낮은 기준

헌신의 결핍 .... 애매성

충돌의 두려움 .... 인위적인 융화감

신뢰의 결핍 .... 완전무결

"일단 우리가 사안의 명료성과 철저한 참여정신을 확보하고 나면, 우리가 하기로 정한 것에 대해 목표치와 행동기준을 높게 정하고 서로가 그에 걸맞은 책임을 다할 수 있도록 지속적으로 독려해야 합니다. 이 말이 쉽게 들릴 수 있겠지만 대부분의 임원들은 그렇게 하는 것을 아주 싫어합니다. 특히 그것이 동료의 행동에 관련된 문제일 경우에는 더욱 그렇죠. 왜냐하면 동료들과 불편한 관계에 놓이는 것을 원치 않으니까요."

"그게 정확하게 무슨 뜻입니까?"

제프가 물었다.

"이를테면 문제가 된 사안에 대해 동료들 중 한 명에게 분명히 책임을 물어야 한다는 것을 알지만 그냥 내버려두기로 결심하는 순간을 이야기하는 겁니다. 그렇게 결심하는 건 아마도 이런 느낌을 경험하고 싶지 않기 때문이겠죠. 즉……."

캐서린은 말을 끊었다. 그리고 마틴이 그녀 대신 문장을 마무리 해주었다.

"즉, 누군가에게 회의 중에는 이메일 확인 따위는 집어치우라고 말해야만 하는 경우를 말하는 거죠."

"맞았어요."

캐서린은 고마운 마음으로 마틴이 제시한 사례를 받아들였다. 카를로스도 보태고 나섰다.

"저는 그런 경우를 끔찍하게 싫어합니다. 왠지 다른 사람에게 그렇게밖에 못하냐는 말을 하고 싶지가 않아요. 그래서 대개 그냥 참고 마는 편입니다. 그냥 뭐랄까, 어떤 상황을 피하고 싶은 거죠. 그러니까⋯⋯."

카를로스는 그 상황을 표현할 만한 적당한 말을 찾지 못해 고심했다. 이번에는 얀이 대신 찾아주었다.

"동료들끼리 불편해지는 상황이겠죠."

"맞아요, 그 말이 딱 맞는 것 같군요."

그는 그 상황에 대해 잠시 생각한 다음 말을 이어갔다.

"그런데 그게 좀 이상합니다. 내 생각을 우리 부서의 직원들에게 전달할 때는 큰 문제를 느끼지 않거든요. 대체로 그들에게는 늘 철저하게 책임을 물어왔던 것 같습니다. 꽤 난처한 문제가 터져서 화를 내야 할 때도 직원들과의 관계에서는 꺼려지는 느낌이 덜했던 것 같습니다."

캐서린은 그 말에 전율을 느꼈다.

"맞아요. 때로는 직원들과 난처한 문제가 생겼을 때 대립하며 갈등을 빚기가 껄끄럽게 느껴지는 경우도 있습니다. 하물며 그 상대가 동료 임원들이라면 그건 더욱 어렵겠지요."

"그건 왜죠?"

제프가 물었다.

캐서린이 대답하려고 하는데, 닉이 설명해주었다.

"왜냐하면 우리 모두는 동등한 위치에 있기 때문이죠. 그러니까 내가 뭐라고 마틴이나 마이키나 얀에게 그들의 업무 방식에 관해 이래라저래라 말할 수 있겠어요? 그렇게 했다간 마치 내가 동료의 부서에서 뭐 트집 잡을 게 없는지 코를 들이대고 킁킁거리는 사람처럼 느껴지기밖에 더 하겠어요?"

캐서린이 설명을 덧붙였다.

"분명히 동료 대 동료의 문제는 팀의 책임감 유지를 어렵게 만드는 골칫거리 가운데 하나입니다. 그러나 그것 말고 중요한 원인이 또 있습니다."

이에 관해서는 아무도 실마리를 찾지 못하는 것 같았다. 캐서린은 이미 자기가 던진 문제에 답할 준비가 되어 있었다. 바로 그때 마이키의 얼굴이 마치 수수께끼의 답을 찾은 사람처럼 활짝 펴졌다.

"참여의식의 결여를 말하는 건가요?"

"뭐라고요?"

닉이 물었다.

"참여의식의 결여 말이에요. 사람들 모두가 동일한 계획을 분명하게 승인하고 그것이 내 일이라고 생각하지 않는다면 서로에게 책임을 묻는다는 건 어려운 일이죠. 그럴 경우 책임을 묻는다는 것 자체가 무의미하기 때문입니다. 왜냐하면 왜 그랬냐고 따져도 그들은 단지 이렇게 말할 테니까요. '내가 언제 그 일을 하자고 했어?'라고 말이죠."

전혀 그럴 것 같지 않던 학생이 발표한 예기치 않은 훌륭한 답변에 캐서린은 무척 놀랐다. 그리고 마이키는 그것만으로는 충분치 않다고 느꼈는지 계속해서 이야기를 덧붙였다.

임원들은 서로의 얼굴을 바라보았다. 그들은 마치 이렇게 말하고 있는 것 같았다.

'이봐, 내가 지금 들은 얘기 당신도 들었어?'

마이키가 말을 마치자 캐서린은 오늘의 마지막 휴식시간을 주었다.

영화처럼

캐서린은 팀을 구축하거나 쇄신하는 일을 수도 없이 해봤지만, 팀원들 간의 갈등과 분열이 불가피하게 발생하는 것을 바라보는 데는 좀처럼 익숙해지지 않았다.

그럴 때면 그녀는 늘 스스로에게 묻곤 했다.

'왜 항상 우리는 단번에 저 멀리까지 전진하지 못하고 한참을 제자리걸음만 하는 걸까?'

겉으로 보기에 본궤도에 올라선 것처럼 보이는 마이키와 마틴을 생각해볼 때, 이론상으론 이쯤 되면 팀이 슬슬 제대로 움직여 줘야 했다. 그러나 현실과 이론은 다르다는 사실을 캐서린은 잘 알고 있었다. 그녀에게는 아직도 갈 길이 많이 남아 있었다.

2년 동안 몸에 배어버린 정치적 행동양식을 단숨에 깨부수는 건 가능한 일이 아니었다. 그것도 단 한 번의 설교만으로는 쉽지 않았다. 힘겨운 도약은 아직 이루어지지 않았다.

첫 번째 사외 워크숍 일정이 얼마 남지 않은 상황에서 캐서린은 모임을 좀 더 일찍 끝내고 싶었다. 임원들이 조금이나마 고양되어 있을 때 일터로 돌려보내고 싶었다. 하지만 남아 있는 가장 중요한 두 시간을 낭비할 수는 없었다. 캐서린은 되도록이면 빨리 변화를 이뤄내야만 했다. 이사회가 더 이상 자신의 행보에 제동을 걸지 않도록 확실히 해두어야 했다.

휴식시간이 끝나고 사람들이 자리로 돌아왔다.

"충돌에 관해 좀 더 이야기해볼까요? 충돌이 일어나기 좋은 상황이나 그럴 가능성이 높은 여건에는 뭐가 있을까요?"

잠시 침묵이 흐른 후 닉이 입을 열었다.

"회의 시간이 아니겠습니까?"

"맞아요, 회의 시간입니다. 회의 시간 동안 생산적으로 충돌하는 법을 익히지 못한다면 우리는 끝장입니다."

캐서린의 말에 얀이 미소를 지었다.

"내 말은 절대 농담이 아닙니다. 성공을 위해 꼭 필요한 쟁점이 생겼다면 열정적이고도 치열하게 논쟁을 벌일 수 있어야 합니다. 그것이야말로 우리의 미래를 결정하게 될 중대한 요소가 될 것입니다. 그건 신제품 개발이나 동업관계 구축만큼이나 중요한 일입니다."

캐서린은 말을 마치고 임원들을 돌아보았다. 간간이 하품을 하는 모습이 눈에 띄었다. 그녀는 이야기를 좀 더 흥미롭게 포장해야겠다고 생각했다.

"여러분 중에 영화 관람보다 회의 참석이 더 좋은 사람 있습니까?"

아무도 손을 들지 않았다.

"왜 아무도 없죠?"

잠시 후, 그녀의 질문이 단순히 말장난이 아님을 눈치챈 제프가 대답했다.

"당연히 영화가 더 재미있기 때문이죠. 아무리 시시한 영화라고 해도 말입니다."

임원들이 키득거렸다. 캐서린은 미소를 지었다.

"물론 그렇겠죠. 하지만 궁극적으로는 회의도 영화만큼 흥미로워져야 합니다. 제 아들 윌이 영화를 배우러 학교에 들어갔는데, 나는 그 녀석에게서 회의와 영화는 많은 공통점을 갖고 있다는 사실을 배웠습니다."

캐서린의 말에 사람들은 궁금해하기보단 의심스러워하는 눈치였다. 그러나 최소한 흥미를 느낀 것만은 분명했다.

"그럼 이렇게 한번 생각해보세요. 영화 상영시간은 대체로 90분에서 120분 정도입니다. 임원 회의 시간도 그와 비슷하지 않나요?"

사람들이 점잖게 고개를 끄덕였다. 캐서린은 계속했다.

"그런데 회의 시간에는 서로 대화를 주고받으며 소통할 수 있지만 영화는 그렇지 않죠. 스크린 속의 배우에게 소리칠 수는 없잖아요. '그 집에 들어가지마, 이 바보 같은 녀석아!' 이렇게 말이에요."

사람들이 웃음을 터뜨렸다.

'이들이 진짜로 나를 좋아하기 시작한 걸까?'

캐서린은 잠깐 동안 생각했다. 그러고 나서 이야기를 계속했다.

"좀 더 중요한 것은, 영화는 우리의 삶에 실질적인 영향을 미치지 않지만 회의 시간은 영향을 미친다는 데 있습니다. 영화의 결말이 우리에게 이러저러한 행동을 강요하진 않지만, 회의의 결과는 새로운 무언가를 하게 만듭니다. 그렇다면 왜 우리는 회의를 두려워하는 걸까요?"

아무도 대답하지 않자 캐서린은 그들을 재촉했다.

"왜 회의를 싫어하는 겁니까?"

"회의는 지루해요."

마이키는 답변을 하고 나서 필요 이상으로 즐거워하는 것 같았다.

"맞아요, 회의는 지루해요. 그리고 왜 그런지 그 이유를 제대로 이해하기 위해 영화와 회의를 비교해볼 필요가 있는 겁니다."

이제 사람들은 본격적으로 흥미를 보이기 시작했다.

캐서린은 계속 말을 이어나갔다.

"어떤 장르의 영화든 볼 만한 영화라면 반드시 한 가지 요소를 갖추고 있어야 합니다. 그게 무엇일까요?"

마틴이 무미건조하게 대답했다.

"글쎄요, 우리가 지금 이야기하고 있던 게 충돌이었으니까 그게 아닐까 싶은데요."

"맞아요, 마틴. 내가 넌지시 알려준 게 들켰군요. 모든 위대한 영화는 충돌을 담고 있습니다. 그게 없다면 우리는 주인공에게 무슨 일이 일어나건 전혀 관심을 갖지 않을 거예요."

캐서린은 좀 더 극적인 효과를 위해 잠깐 말을 멈추었다.

"우리가 앞으로 함께하게 될 모든 임원 회의는 온통 충돌로 채워질 거예요. 장담하건대, 회의는 결코 지루하지 않을 겁니다. 그리고 만일 논쟁을 벌일 사안이 없을 경우에는 회의를 열지 않을 겁니다."

임원들은 캐서린의 말을 반기는 눈치였다. 캐서린은 자신의 약속을 즉각 이행하고 싶었다.

"그러면 지금 당장 시작해볼까요."

그녀는 시계를 보았다.

"오늘 일정을 마칠 때까지 두 시간가량 남았네요. 이 정도 시간이라면 우리가 하나의 팀으로서 첫 번째 의사결정 회의를 할 수 있다고 생각합니다."

그러나 닉이 반대했다. 그의 얼굴에는 심각한 표정이 역력했다.

"캐서린, 나는 우리가 할 수 있을지 확신이 서지 않습니다."

모두가 닉만을 바라보고 있었다.

"나는 아직 회의 일정표를 받지 못했거든요."

제프를 포함한 모든 사람들이 전임 CEO가 악의 없이 사람들을 귀찮게 했던 일을 떠올리며 한바탕 크게 웃었다.

최우선 목표

캐서린은 시간을 낭비하지 않았다.

"좋아요, 이렇게 하기로 하죠. 남은 두 시간 동안 올 한 해 우리의 지상과제라 부를 만한 것을 정해봅시다. 바로 오늘, 지금 여기서 말이죠. 자, 누가 먼저 칼을 뽑겠어요?"

"정확하게 무엇을 뜻하는 겁니까?"

얀이 물었다.

"어떤 테마 같은 건가요?"

"우리가 답을 찾고자 하는 질문은 이런 겁니다. 지금부터 연말까지 달성해야 할 가장 중요한 목표는 무엇인가?"

닉과 제이알이 동시에 말했다.

"시장점유율입니다."

마틴과 얀을 제외한 모든 사람들이 고개를 끄덕였다. 캐서린은 마틴과 얀에게 물었다.

"두 사람은 그렇게 생각하지 않는 것 같군요. 그럼 뭐라고 생각하죠?"

마틴이 말했다.

"저는 품질 개선이라고 생각합니다."

얀도 나섰다.

"저는 비용 감축이 우리의 최우선 과제가 되어야 한다고 생각합니다."

"그렇군요. 혹시 다른 생각을 가진 사람이 있나요?"

제이알이 바통을 이어받았다.

"나는 우리가 보유한 기술이 경쟁사 두 곳과 비교할 때 전혀 뒤지지 않을뿐더러 오히려 더 낫다고 생각합니다. 그런데도 시장에서는 그들이 우리보다 더 큰 영향력을 발휘하고 있습니다. 만일 시장에서 이대로 그들에게 뒤처지게 되면 나중에는 우리 제품의 성능이 좋고 나쁜 것은 문제조차 되지 않을 수도 있습니다."

마틴이 노골적으로 불쾌한 감정을 드러냈다.

"그렇다면 제품 성능이 많이 떨어질 경우의 상황도 생각해봐야 할 겁니다."

영원한 중재자 카를로스가 물었다.

"지상목표가 하나 이상이 될 수도 있습니까?"

캐서린은 고개를 가로저었다.

"모든 것이 다 중요하다면 아무것도 중요하지 않은 것과 같습니다."

그녀는 이 말에 굳이 설명을 덧붙이지 않았다.

얀도 끝까지 주장을 굽히지 않았다.

"비용 감축이 목표가 될 수 없는 이유를 누가 설명해주겠습니까?"

마이키가 재빨리 응수했다.

"왜냐하면 이윤을 창출해내는 방법을 찾지 못한 상황에서 지출을 줄이는 방법만 아무리 연구해봤자 별다른 소용이 없기 때문이죠."

마이키의 말투는 분명 사람을 약 오르게 하는 면이 있지만 이번 경우만큼은 발언의 타당성을 부인할 수 없었다. 얀도 인정한다는 듯 고개를 끄덕였다.

이때 캐서린이 한마디 던졌다.

"지금 하고 있는 논의들이 내가 이 회사에 와서 들은 얘기 중 가장 생산적인 대화 같군요. 계속하세요."

캐서린의 말에 제프는 자신의 입장을 밝힐 수 있는 용기를 얻었다. 그는 주춤거리며 말을 꺼냈다. 대화를 오래 끌고 싶지 않은 것 같았다.

"잘 모르겠습니다. 지금 이 시점에서 과연 시장점유율이 우리의 성공을 가늠하는 척도가 될 수 있을지 분명치가 않아요. 우리는 지금 시장의 규모가 어느 정도인지 모르고 있을 뿐 아니라 시장의 흐름이 어느 방향으로 흘러가는지도 모르고 있습니다."

제프는 잠시 생각을 가다듬은 후 말을 이었다.

"나는 단지 좋은 거래처를 좀 더 많이 확보할 필요가 있다고 생각합니다. 경쟁사보다 시장점유율이 몇 퍼센트 더 높고 낮은지는 그렇게 중요한 문제가 아니라고 봅니다."

마이키가 끼어들었다.

"그게 바로 시장점유율과 같은 말입니다."

"난 그렇게 생각하지 않습니다."

제프가 점잖게 대답했다. 마이키가 또다시 곱지 않은 시선을 보냈지만 제프는 모른 척하고 이야기를 계속했다.

"우리가 그것을 시장점유율이라고 부르든 아니면 거래처 확보라고 부르든 그건 중요한 게 아니죠. 우리는 뭐든지 팔아야 합니다."

이제 캐서린이 말을 되받았다.

"나는 그 구분이 중요하다고 생각합니다. 제이알, 당신의 생각은 어떤가요?"

"저는 제프가 맞다고 생각합니다. 만약 우리가 탄탄한 고객층을 충분히 확보한다면, 다시 말해 우리 제품을 다른 곳에 적극적으로 추천해줄 수 있는 거래처들을 확보할 수 있다면, 우리는 아주 잘하고 있는 겁니다. 그런 시점이라면 경쟁사가 어떻게 하고 있는지 신경 쓸 여유가 없겠죠. 그건 오히려 우리의 힘을 분산시키는 결과만 낳을 테니까요. 경쟁사 문제는 회사가 잘 돌아가고, 어느 정도 시장이 형성되고 난 다음에 생각해볼 문제인 것 같습니다."

마틴은 이제 잔뜩 화가 난 것 같았다.

"마치 지나간 회의의 한 장면을 보는 것 같군요. 시장점유율 대 수익률, 그게 아니면 고객유지율 대 고객만족도. 이제 이런 얘기들은 너무 진부하게 들리지 않습니까?"

캐서린은 사람들이 마틴의 말을 받아들일 동안 일부러 아무 말도 하지 않았다. 그녀는 잠시 후 다시 물었다.

"그런 대화들은 보통 어떻게 끝났습니까?"

마틴이 어깨를 으쓱하며 말했다.

"회의 시간 종료와 함께 저절로 끝났던 것 같은데요."

"좋아요, 그럼 이 대화를 앞으로 5분 안에 마무리 짓도록 합시다. 여기 있는 사람들 모두 앞으로 남은 아홉 달 동안 성공의 열쇠가 시장점유율, 거래처 확보, 수익률, 기타 여러 가지 지표들과 관계가 있다고 믿나요? 만약 우리가 지금 완전히 잘못된 방향으로 가는 중이라고 생각하는 사람이 있다면 바로 말씀해주십시오. 큰 소리로요."

사람들은 서로의 얼굴을 쳐다보며 잘 모르겠다는 듯 어깨만 으

쓱할 뿐이었다. 마치 '그것 말고 더 좋은 건 생각할 수 없는데요'
하고 말하는 것 같았다.

"자, 이제 대화를 끝내도록 합시다. 그 정답이 수익이라고 강력
하게 주장해줄 사람이 한 명쯤 있었으면 좋겠는데, 제이알, 어때
요?"

"글쎄요, 누구나 수익이 정답이라고 주장할 수는 있겠죠. 현금
은 어디에서나 필요하니까요. 하지만 솔직히 지금 이 시점에서는
저기 바깥에 우리 제품에 관심을 갖고 있는 고객들이 존재한다는
사실을 세상에 증명하는 것이 더 중요하지 않을까요? 지금으로선
계약을 따내고 신규 거래처를 확보하는 것만큼 수익이 중요하지
는 않은 것 같습니다."

제이알은 수익은 정답이 아니라는 답변을 스스로 내놓은 셈이
었다.

"무슨 말인지 아시겠죠?"

제이알이 물었다.

"나는 무슨 뜻인지 분명히 알겠어요."

캐서린이 강조해서 대답했다.

"그렇다면 이제 수익이 우리의 지상목표라는 주장은 누구에게
도 들을 수 없겠군요."

얀이 곁눈질을 하면서 말을 꺼냈다.

"지금 우리가 수익을 목표로 세울 필요가 없다고 말씀하시는 건

가요?"

"아니요, 우리는 명확한 수익 목표를 세울 겁니다. 다만 수익이 지금 당장 우리의 성공을 가늠하는 궁극적인 척도는 아니라는 거죠. 자, 이제 범위는 시장점유율과 신규 거래처 확보로 좁혀졌군요. 시장점유율이 왜 정답인지 말씀해주실 분 없나요? 어때요, 마이키?"

"시장점유율은 애널리스트들과 언론매체에서 기업의 성공을 정의하는 방식입니다. 그걸로 얘기는 끝난 거 아닌가요?"

마틴이 반격했다.

"그렇지 않습니다. 회사의 창업 멤버로서 언론과 인터뷰를 할 때면 기자들은 언제나 주요 거래처가 어디인지 묻습니다. 그들은 유명회사나 저명인사의 이름이 나오기를 기대하죠."

마이키는 어깨를 으쓱했다. 캐서린은 마이키를 바라보며 물었다.

"지금 그 행동은 동의하지는 않지만 대응을 포기하겠다는 뜻인가요, 아니면 당신이 반박하기 어려울 만큼 설득력 있는 주장을 마틴이 펼쳤다는 뜻인가요?"

마이키는 잠시 생각한 후 답했다.

"후자예요."

"좋습니다. 그러면 이제 신규 거래처 문제를 다룰 차례군요. 이게 우리의 목표가 되어야 하는 이유를 누가 설명해주세요."

이번에는 카를로스가 직접 나섰다.

"왜냐하면 그래야 언론에 기삿거리를 제공할 수 있기 때문입니다. 직원들에게도 확신을 심어줄 수 있고, 마틴을 비롯한 수석 엔지니어들은 제품에 관해 더 많은 피드백을 받을 수 있을 겁니다. 그리고 내년에는 더 많은 거래처를 확보해오라는 분명한 지표를 우리에게 제시해줄 것이고요."

제이알이 맞장구쳤다.

"영업 신장으로 이어질 것은 말할 필요도 없지요."

"여러분."

캐서린이 선포했다.

"앞으로 5분 안에 내 생각을 바꿀 만한 매우 설득력 있는 대안이 나오지 않는다면 나는 우리가 최우선 목표를 확정했다고 믿겠어요."

임원들은 서로를 쳐다보았다. 마치 '우리가 정말로 무언가에 합의를 보고 있는 건가?' 하고 말하는 얼굴들이었다.

그러나 캐서린의 말은 아직 끝난 게 아니었다. 그녀는 더욱 구체적인 것을 원했다.

"우리가 확보해야 할 신규 거래처 숫자는 어느 정도가 되어야 할까요?"

사람들은 논의가 한층 더 현실성을 띠자 더욱 힘이 나는 것 같았다. 뒤이은 약 30분 동안 그들은 자신들이 '확보할 수 있는' 거래처의 숫자와 '확보해야만 하는' 숫자를 놓고 논쟁을 벌였다.

안이 가장 높은 수치를 제안하며 목청을 높였고, 닉과 마이키가 그 다음이었다. 제이알은 좌절감을 느끼며 가장 적은 수치를 강력히 주장했다. 그는 자신의 목표를 최대한 낮게 잡고 싶어 했다. 그래야 영업사원들의 사기가 떨어지지 않기 때문이었다. 제프, 카를로스, 마틴은 중간쯤이었다.

논쟁의 열기가 서서히 식어가자 캐서린이 뛰어들었다.

"좋습니다. 이 회의실 안에서 나올 수 있는 의견은 다 나온 것 같습니다. 그리고 우리는 아마 완벽한 동의에는 이르지 못할 것 같네요. 그건 어쩔 수 없지요. 지금 이 자리에 엄밀한 과학 같은 건 존재하지 않으니까요. 어쨌든 나는 여러분들이 제시한 자료를 바탕으로 해서 그 숫자를 정할 겁니다. 그리고 우리는 그 숫자를 향해 매진하게 될 것입니다."

그녀는 잠깐 말을 끊었다가 계속했다.

"얀, 우리가 올해 안에 30건의 계약을 따내지는 못할 겁니다. 당신의 회계장부에 그런 매출고가 기록된다면 얼마나 기쁠지 모르는 바는 아니지만 말이죠. 그리고 제이알, 나는 지나친 부담감으로 당신 직원들의 사기가 떨어질까 우려하는 마음은 인정합니다. 하지만 10건은 충분치 않아요. 우리의 경쟁사는 그보다 두 배 이상은 하고 있을 테니까요. 그리고 애널리스트들도 우리가 10건밖에 따내지 못했다고 하면 아마 우리를 내동댕이치고 말 겁니다."

제이알은 반론을 내놓지 않았다. 캐서린은 계속했다.

"나는 우리가 올해 안에 18개의 신규 거래처를 확보할 수 있다면, 그리고 그 중에서 최소한 10개 정도는 우리를 다른 곳에 적극 추천하도록 만들 수 있다면, 우리로선 최선의 결과가 아닐까 생각합니다."

그녀는 사람들이 마지막으로 반대의견을 내놓을 수 있도록 이야기를 잠시 멈췄다. 그러나 아무도 나서지 않자 마지막으로 선포했다.

"우리는 12월 31일까지 18개의 새로운 거래처를 확보하게 될 겁니다."

불과 20분 만에 평소 한 달 동안의 회의 성과보다 더 많은 진전을 이루어냈다는 사실을 아무도 부인할 수 없었다.

임원들은 남은 시간 동안 신규 거래처 확보 건에 대해 좀 더 이야기했다. 마케팅에서부터 자금지원, 기술개발에 이르기까지 18건의 신규 거래를 성사시키기 위해 각자가 어떤 일을 해야 할 것인지 토론하고 네 가지 핵심 추진과제를 정했다.

사외 워크숍의 공식적인 종료 시점을 15분 남겨두고, 캐서린은 논의를 마무리 짓기로 했다.

"자, 오늘은 여기까지 합시다. 다음 주에 임원 회의가 있을 예정입니다. 그때 중요한 문제들을 좀 더 깊이 있게 다루도록 합시다."

사람들이 긴장을 풀고 토론을 끝내려는 사이에 캐서린이 마지막 질문을 던졌다.

"떠나기 전에 워크숍에 대해 할 말들이 있나요? 총평이나 질문도 좋고 문제점을 지적해도 좋습니다."

아무도 출발을 지연시킬지도 모를 새로운 문제 제기를 하고 싶지 않았다. 그러나 닉은 한마디 하고 넘어가야겠다고 결심했다.

"이 말만은 꼭 해야겠군요. 나는 지난 이틀 동안 예전에 우리가 스스로에 대해 생각했던 것보다 훨씬 더 커다란 발전을 이룩했다고 생각합니다."

얀과 카를로스도 고개를 끄덕였다. 마이키가 닉을 노려보지 않자 모두들 놀라워했다.

캐서린은 닉이 자신과 생각이 같다는 것을 보여주려고 일부러 노력하는 것인지, 아니면 진심으로 지금까지 일어난 변화를 인정하는 것인지 확신할 수 없었다. 하지만 그녀는 닉의 찬사를 진심으로 받아들이기로 했다.

이어서 얀이 말했다.

"나도 닉의 말에 동감해요. 우리는 여기서 많은 것을 이루었어요. 무엇보다 우리의 최우선 목표를 정한 일은 정말 도움이 될 거예요."

캐서린은 이쯤에서 누군가 제동을 걸고 나올 것 같다는 느낌이 들었다. 그리고 그녀의 느낌은 틀리지 않았다.

제이알이 입을 열었다.

"앞으로 이런 사외 워크숍을 또 가져야 할 필요가 있을까요? 제

말은, 이곳은 회사에서 너무 멀고 또 목표로 세운 거래처 확보를
성사시키려면 앞으로 몇 달간은 꼼짝없이 바쁠 것 같다는 뜻입니
다. 일이 어떻게 돌아가는지 당분간은 그냥 지켜볼 수도 있지 않
을까 싶은데……."

마틴과 마이키, 그리고 닉이 조심스럽게 고개를 끄덕였다.

바로 몇 분 전까지 캐서린이 느꼈던 성취감은 눈에 띄게 줄어들
었다. 캐서린은 누가 나서서 자기를 대신해 답변해주기를 기다렸
다. 그녀가 지원군의 등장에 대한 기대를 막 버리려는 순간, 제프
가 입을 열었다. 그는 캐서린의 생각 중 많은 부분을 진심으로 받
아들였음을 몸소 증명해 보였다.

"2주 후에 열릴 두 번째 워크숍은 예정대로 진행되어야 한다고
생각합니다. 아마 회사로 돌아가면 지난 2년간 몸부림쳐 왔던 난
장판 속으로 또다시 빠져들게 될 겁니다. 이곳 나파에서의 이틀
동안 우리가 많이 변하긴 했지만 그래도 아직 갈 길이 먼 것 같습
니다."

얀과 카를로스도 동의했다.

캐서린은 이 상황을 앞으로 팀이 어떤 일을 감당하게 될 것인지
미리 예고하는 기회로 활용해야겠다고 결심했다. 그녀는 우선 제
이알을 향해 말했다.

"될 수 있으면 주어진 시간을 목표 달성에 쓰고자 하는 자세를
인정합니다."

약간은 솔직하지 않은 표현이었지만, 캐서린은 제이알을 너무 심하게 깎아내리고 싶지 않았다.

"그러나 나는 어제 워크숍을 시작하면서 이야기했던 내용을 여러분에게 다시 한번 강조하고 싶습니다. 우리는 경쟁사들보다 자금이 풍부하고, 앞선 기술력을 갖고 있으며, 더 유능한 임원진을 갖추고 있습니다. 그런데도 우리는 그들에 비해 뒤처져 있습니다. 왜냐하면 우리에겐 팀워크가 없기 때문입니다. 그리고 나는 여러분 모두에게 약속할 수 있습니다. CEO로서 나는 여러분을, 그러니까 우리를 좀 더 효율적인 팀으로 만드는 데 최선을 다할 것입니다."

마이키, 마틴과 닉은 이제 조금 납득하는 것 같았다.

그러나 캐서린은 계속했다.

"그리고 지금부터 내가 하는 얘기는 워크숍 기간 동안 했던 어떤 말보다 중요한 것입니다."

그녀는 극적인 효과를 높이기 위해 말을 잠시 끊었다.

"나는 앞으로 2주 동안 누구든 신뢰의 결핍을 드러내거나 개인적인 안위를 위해서만 행동을 했을 경우 결코 묵과하지 않을 것입니다. 나는 충돌을 장려하고 철저한 헌신을 이끌어낼 것입니다. 그리고 여러분 모두가 서로에게 충분히 책임을 물을 수 있기를 기대할 것입니다. 여러분의 좋지 않은 행동이 나의 눈에 띄게 된다면 곧바로 지적할 것입니다. 그리고 여러분도 나와 똑같이 행동해주길 바랍니다. 우리에게는 그냥 흘려보낼 시간이 없습니다."

회의실 안은 침묵으로 고요했다.

"좋아요, 우리는 2주 후에 다시 이곳에 오게 될 겁니다. 모두 운전 조심하고 내일 회사에서 만납시다."

모두가 짐을 꾸려서 호텔 현관으로 향할 때 캐서린은 자신이 이룬 결과에 어느 정도 만족감을 느끼고 싶었다. 그러나 그녀는 상황이 더 나빠져야 이 팀이 개선될 것 같다는 생각이 불현듯 들었다. 어쩌면 심각한 수준으로까지 나빠져야만 될지도 모른다는 예감을 떨쳐버릴 수 없었다.

임원들도 대부분 앞으로 벌어질 일들에 정신이 번쩍 드는 것 같았다. 그리고 다음 사외 워크숍 자리에 동료 중 한 명이 나타나지 않게 된다고 해도 놀라지 않을 것만 같았다. 그러나 그 사람이 마이키가 아니라는 사실을 알게 된다면 아마 충격을 금치 못할 것이다.

CHAPTER 03

힘들지만 해야 하는

**THE FIVE
DYSFUNCTIONS OF
A TEAM**

그린바나나

회사로 돌아오자, 사람들은 워크숍 기간 동안 이루었던 발전이 그토록 빠른 시간 내에 원상 복귀되었다는 사실에 놀라지 않을 수 없었다. 캐서린도 그 놀란 사람 가운데 한 명이었다.

물론 몇 가지 희망적인 모습들도 있었다. 예를 들면 카를로스와 마틴이 각자 자기 부서 직원들을 대동하고 고객만족을 위한 합동 회의를 열었던 일은 직원들이 현재 진행되고 있는 변화에 대해 수군거리게 만들기에 충분했다.

그러나 캐서린은 팀이 아직도 서로를, 그리고 무엇보다 캐서린 자신을 경계하고 있다는 사실을 부인할 수 없었다.

캐서린이 보기에 임원들은 나파에서 겪었던 일들을 까맣게 잊어버린 것 같았다. 서로 간의 대화는 거의 없었고, 상대의 영역에 기꺼이 이야기하는 모습도 보이지 않았다. 임원들은 나파에서 자신들의 실체를 다소나마 드러낸 것을 당혹스러워하는 것 같았고, 마치 언제 그랬냐는 듯 시치미를 떼고 있는 것처럼 보였다.

그러나 캐서린은 지난 경험들을 통해 이것이 위기에 빠졌던 팀이 나타내는 첫 번째 반응임을 알고 있었다. 또한 이것을 극복하려면 그들 속으로 다시 뛰어들어가 팀의 굳은 피를 다시 돌게 만들어야 한다는 사실도 알고 있었다. 그러나 캐서린은 자신이 곧바로 동맥을 건드리게 되리라고는 생각지 못했다.

사건은 나파 워크숍이 끝나고 며칠 지나지 않아서 일어났다. 그날 오후에는 캐서린이 주재하는 첫 번째 공식 임원 회의가 잡혀 있었다.

그날 오전, 닉은 물망에 오른 합병 건을 논의하기 위해 특별 회의 소집을 요청했다. 그는 임원 중에 여유 있는 사람은 누구든 와도 좋지만 캐서린, 마틴, 제이알, 제프는 반드시 참석해줄 것을 요청했다. 얀과 카를로스도 회의에 참석했다.

회의를 시작하기 전에 닉이 물었다.

"제이알은 어디 있습니까? 아침부터 사무실에 없던데요."

캐서린이 말했다.

"그냥 시작합시다."

닉은 영문을 모르겠다는 듯 어깨를 으쓱해 보이고는 제안서 뭉치를 동료들에게 돌렸다.

"그 회사의 이름은 '그린바나나(Green Banana)'입니다."

사람들이 일제히 웃음을 터뜨렸다.

"나도 알아요, 안다고요. 도대체 어떻게 그런 이름을 생각했는지, 참! 어쨌든 그들은 보스턴에 있는 회사로 우리 회사와는 서로 보완되는 측면도 있고, 또 잠재적인 경쟁상대로도 볼 수 있습니다. 얘기하기가 어렵네요. 아무튼 나는 그 회사와 합병하는 문제를 고려해봐야 한다고 생각합니다. 그 회사는 지금 현금 문제 때문에 힘들어하고 있습니다. 그리고 우리는 현재 자금이 여유로운 상태입니다."

제프는 마치 이사회의 일원이 된 것 같은 기분으로 첫 번째 질문을 던졌다.

"합병을 통해 우리가 얻을 수 있는 것은 무엇입니까?"

이미 그 거래가 의미 있다고 판단하고 있던 닉은 지체 없이 대답했다.

"거래처, 직원, 기술입니다."

"그들의 거래처 규모는 어느 정도입니까?"

캐서린이 물었다. 닉이 이 질문에 미처 대답하기도 전에 마틴이 또 다른 질문을 던졌다.

"그들의 기술은 훌륭합니까? 그 회사에 관해서는 들어본 적이 없어서요."

닉은 다시 한번 지체 없이 대답했다.

"그들은 우리 절반 정도의 거래처를 가지고 있습니다."

닉은 자신이 써온 것을 읽었다.

"대략 20군데 정도군요. 그리고 기술력은 그 정도 거래 규모에 비하면 훌륭한 편입니다."

마틴은 회의적으로 보였고, 캐서린도 난색을 표했다.

"직원은 대략 몇 명이나 됩니까? 직원들은 모두 보스턴에 있나 요?"

"대략 75명 내외이며 7명을 제외하고는 모두 보스턴에 있습니 다."

캐서린은 나파 워크숍 기간 동안 자신의 의견을 낼 때 무척이나 조심스러워했다. 그것은 팀이 보유한 감추어진 재능을 계발하기 위해서였다. 하지만 본격적으로 의사결정 문제를 다룰 때 캐서린 은 자제하거나 인내하기보다 단호했다.

"잠깐만요. 지금 얘기들이 나에게는 그리 적절하게 들리지 않는 군요. 합병을 하면 회사 규모를 50퍼센트 늘리게 될 것이고, 새로 운 경향의 제품을 카탈로그에 올리게 될 텐데……. 그러려면 처리 해야 할 난제들이 꽤 많을 것으로 보이는데요."

닉은 사람들이 찬성하지 않을 것이라고 예상하고 있었지만 조 바심을 감추지 못했다.

"이 합병 건과 같은 과감한 조치를 취하지 않는다면 우리는 경쟁사들과 격차를 벌릴 수 있는 기회를 놓치게 될 겁니다. 지금은 멀리 내다보고 행동해야 할 때입니다."

캐서린이 닉을 몰아세웠다.

"첫째로 이 회의에는 마이키가 반드시 참석했어야 했습니다. 시장 여건과 전략적 측면에서 마이키가 이 문제를 어떻게 생각할지 알고 싶군요. 그리고 나는⋯⋯."

닉이 캐서린의 말을 끊었다.

"마이키는 이 논의에 별로 도움이 되지 못할 겁니다. PR이나 광고와 이 문제는 아무런 상관이 없기 때문입니다. 이건 중장기적인 기업전략 상의 문제입니다."

캐서린은 이 자리에 없는 사람을 놓고 그렇게 가차 없는 발언을 한 닉을 호되게 나무라고 싶었다. 그리고 그곳에 있던 모든 사람들이 캐서린의 마음을 읽었다. 그러나 캐서린은 그런 일을 성급하게 처리할 필요는 없다고 판단했다.

"닉, 아직 내 말이 끝나지 않았습니다. 나는 현재 우리 회사의 기본정책과 관련해서 생긴 문제들이 합병으로 인해 더욱 악화될 것이라고 생각합니다."

닉은 숨을 깊게 들이마셨다. 그는 마치 이렇게 말하는 것 같았다. '이런 사람들하고 같이 일을 해야 하다니 정말 믿을 수가 없군.'

닉이 후회할 말을 막 꺼내려고 하는데 얀이 끼어들었다.

"물론 우리가 경쟁사보다 자금 사정이 좋은 건 분명합니다. 자금 면에서는 실리콘밸리에 있는 회사를 통틀어 10퍼센트 안에 든다고 말할 수 있죠. 하지만 그렇다고 해서 꼭 자금을 사용해야 하는 건 아니잖아요? 확실한 성공이 보장되는 게 아니라면 말이에요."

얀의 말이 끝나자 닉은 좀 전에 기회를 놓쳤던, 곧 후회할 말을 내뱉기 시작했다.

"캐서린, 당신은 회의를 이끌고 팀워크를 개선하는 데는 괜찮은 경영자일지 몰라도 우리 사업에 관해서는 사실 쥐꼬리만큼도 모르고 있습니다. 이런 사안은 제프와 나에게 권한을 위임해야 한다고 생각합니다."

회의실 분위기는 꽁꽁 얼어붙었다. 캐서린은 누군가 닉을 나무랄 것이라고 확신했다. 그러나 그녀의 생각이 틀렸다. 심지어 마틴은 얄밉게도 시계를 들여다보며 이렇게 말했다.

"미안합니다. 또 다른 회의가 있어서 그만 가봐야겠습니다. 자료가 필요하면 알려주십시오."

그러고는 회의실 밖으로 나가버렸다.

캐서린은 팀의 결속력을 해치는 사람이라면 누구라도 철저히 책임을 물을 준비가 되어 있었다. 하지만 지금 그녀는 그 첫 번째 기회의 주도권이 완전히 자신에게 있는 것인지 판단할 수가 없었다. 캐서린은 혼란에 빠졌다. 그러나 분명 단호한 의지를 보여줄 필요가 있었다. 다만 그 일을 일대일로 해야 할지, 모두가 보는 앞에서 해야 할지의 문제만이 남아 있었다.

"닉, 여기서 계속 이야기할까요, 아니면 나중에 일대일로 하겠어요?"

닉은 캐서린의 말을 곰곰이 생각해보았다. 그는 앞으로 무슨 일이 벌어질지 충분히 알 수 있었다.

"이 문제는 우리끼리 따로 해결해야 할 것 같습니다."

닉은 웃고 있지만, 그 웃음이 오래갈 것 같지는 않았다.

고백

캐서린은 임원들에게 닉과 자기만 회의실에 남아도 좋겠냐고 물었다. 그들은 기꺼이 회의실을 나갔다.

사람들이 나가자 캐서린은 부드럽지만 자신만만한 목소리로 말을 꺼냈다. 닉 역시 예상보다 훨씬 자제하는 모습이었다.

"우선 첫째로, 다시는 자리에 없는 동료를 모욕하지 마세요. 당신이 마이키에 대해 어떻게 생각하든 상관없지만 그녀는 팀의 일원입니다. 만약 문제가 있다면 그녀 앞에서 직접 말하세요. 그 점은 앞으로도 분명히 해야 할 겁니다."

이제 닉의 차례였다.

"나는 여기서 아무것도 하는 일이 없습니다. 우리는 빨리 회사를 키우고 더 많은 기업을 인수하기로 하지 않았던가요? 나는 자리만 차지하고 앉아서 남의 일 보듯 회사를 들여다보고만 있을 수는 없습니다."

"그렇다면 이건 당신 개인에 관련된 문제인가요?"

닉은 캐서린의 질문을 이해하지 못한 것 같았다.

"뭐라고요?"

"이번 합병 건 말이에요. 이 건은 당신 개인이 뭔가를 하고 싶기 때문에 벌인 일인가요?"

닉은 한 발 물러섰다.

"아니요, 나는 이번 합병이 좋은 기회라고 생각합니다. 우리에게 전략적으로 큰 의미가 있을 것입니다."

캐서린은 조용히 듣고만 있었다. 그러자 닉은 마치 취조를 받고 있는 범죄자처럼 자신이 그동안 생각했던 일을 모조리 털어놓기 시작했다.

"나는 이 회사에서 가장 제구실을 못하고 있는 사람입니다. 가족과 함께 국토의 반을 거슬러 여기까지 온 건 언젠가는 이 회사를 운영할 수 있으리라는 기대가 있었기 때문입니다. 그런데 지금 나는 따분하고 무기력합니다. 동료들이 회사를 성장시키는 모습을 그냥 곁에서 바라보고 있을 뿐입니다."

닉은 자신의 현재 상황이 믿을 수 없다는 듯 고개를 숙였다.

"닉, 당신도 자신이 이 회사를 망치는 데 일조하고 있다고 생각하나요?"

캐서린의 질문에 닉이 고개를 들었다.

"아닙니다. 제 말은 그러니까, 제 역할은 기본 설비의 확충, 합병, 인수 등을 책임지는 것인데 우리는 그런 일을 전혀 하고 있지 않다는 겁니다. 왜냐하면 이사회에서 말하기를……."

"나는 좀 더 큰 그림을 말하는 거예요, 닉. 당신은 디시전테크라는 이 팀을 더 나아지게 만들고 있나요, 아니면 팀이 함정에 빠지는 데 기여하고 있나요?"

"당신은 어떻게 생각하십니까?"

닉이 되물었다.

"나는 당신이 회사를 더 나아지게 만들고 있는 편은 아니라고 생각합니다."

캐서린은 잠시 말을 멈추었다.

"이 회사를 당신이 경영하든 그렇지 않든, 당신에게는 분명 나서서 해야 할 역할이 많이 있어요."

닉이 해명하려고 했다.

"제가 당신의 자리를 원한다고 말하려던 건 아닙니다. 아까는 제가 좀 흥분해서……."

"그건 걱정 말아요. 괜찮습니다. 가끔은 나한테라도 화풀이를 하세요. 나는 단지 당신이 솔선해서 다른 사람을 돕고 있지 않다고 본 것뿐입니다. 가끔 나서는 경우도 사람들을 갈라놓을 때뿐이었죠."

닉은 캐서린의 비판을 받아들이려 하지 않았다.

"그럼 내가 어떻게 해야 한다고 생각하십니까?"

"사람들에게 당신의 현재 상황을 솔직하게 말해보는 건 어때요? 나한테 말한 그대로 그들에게도 해보세요. 회사에 별로 도움이 되지 못하는 것에 대한 미안한 감정이라든가, 가족이 어디에서 이사를 왔는지에 관한 거라든가……."

"그런 얘기는 '그린바나나' 인수 문제와 아무런 관계가 없지 않습니까."

두 사람 다 그 우스꽝스러운 이름에 다시 한번 웃음을 터뜨렸다. 닉이 계속 말을 이었다.

"제 말은, 왜 우리가 그 회사를 인수해야 하는지 그들이 도저히 이해할 수 없다고 한다면, 그럼 어쩌면……."

"어쩌면 뭐죠? '어쩌면 회사를 때려치울지도 모른다'는 건가요?"

닉은 얼굴이 벌게졌다.

"그게 당신이 원하는 겁니까? 원한다면 그렇게 해드릴 수 있습니다."

캐서린은 닉이 냉정을 찾을 때까지 말없이 앉아 있었다. 잠시 시간이 흐른 후 그녀가 말했다.

"지금 내가 무얼 원하는지가 중요한 게 아니잖아요. 문제는 당신이 무얼 원하는가입니다. 무엇이 더 중요한지 결정하세요. 팀의 승리를 돕는 일인지, 아니면 당신의 경력을 쌓는 것인지.”

캐서린도 자신의 말이 가혹하게 들렸을 것이라고 생각했다. 하지만 그녀는 분명히 해야 했다.

“그 둘이 왜 상호 배타적이어야 하는지 잘 모르겠군요.”

“물론 배타적이지 않아요. 단지 그 중 하나가 다른 하나보다 더 중요해야 한다는 얘기죠.”

닉은 벽을 쳐다보며 고개를 가로저었다. 캐서린에게 한바탕 퍼부어야 할지, 아니면 자신의 속내를 다 드러낼 수 있게 해준 것에 감사해야 할지 갈피를 못 잡고 있는 것 같았다.

“글쎄요…….”

그는 그 말을 끝으로 자리에서 일어나 회의실을 나섰다.

화재경보 회의

오후 2시가 되자 닉과 제이알을 뺀 모두가 회의실 테이블에 빙 둘러앉아서 임원 회의가 시작되기를 기다리고 있었다. 캐서린은 시간을 확인하고는 그냥 시작하기로 결정했다.

"오늘 우리는 현재 어떤 업무들을 진행하고 있는지 신속하게 검토할 겁니다. 그리고 우리의 목표인 18건의 계약을 어떻게 성사시킬 것인지 기본준비 작업을 하도록 합시다."

제프가 닉과 제이알에 대해 막 물어보려는 찰나 닉이 회의실로 들어왔다.

"미안합니다. 늦었습니다."

회의 테이블은 두 자리가 비어 있었다. 하나는 캐서린의 옆자리였고, 남은 하나는 캐서린을 마주 보는 반대편 끝자리였다. 닉은 자신의 CEO와 멀리 떨어진 자리를 선택했다.

오전의 일도 있고 해서 캐서린은 닉이 늦은 것을 나무라지 않았다. 그녀는 회의를 시작했다.

"본격적으로 논의를 시작하기에 앞서 먼저 할 말은……."

그때 닉이 말을 끊었다.

"할 얘기가 있습니다."

사람들은 닉이 가끔 무례한 행동을 보일 때가 있음을 알고 있었다. 하지만 캐서린이 주재하는 첫 번째 공식 임원 회의에 늦은 데다 회의 진행을 방해하고 나서자 그의 행동이 특별히 더 당돌해 보였다. 그런데 정작 캐서린은 전혀 당황하지 않는 눈치였다.

닉이 이야기를 시작했다.

"그동안 가슴속에 묻어두었던 이야기들을 이 자리에서 털어놓으려고 합니다."

사람들은 닉이 어떤 이야기를 할지 궁금한 듯 그의 얼굴만을 바라보았다.

"첫째, 오늘 아침에 있었던 회의에 관해 이야기하겠습니다. 오늘 저는 정도를 벗어났습니다. 분명 마이키에게 그 자리에 참석하도록 요청해야 했습니다. 그리고 그 자리에서 그녀에 관해 한 말도 공정하지 않았습니다."

마이키는 어안이 벙벙했다. 그리고 화가 났지만 아무 말도 하지 않았다.

닉은 마이키를 향해 말했다.

"그렇게 인상 쓰지 말아요, 마이키. 이 문제에 관해서는 나중에 다 얘기할게요. 사실 그렇게 심각한 문제는 아니에요."

이상하게도 마이키는 닉의 배짱과 솔직함에 마음이 누그러졌다.

"둘째, 나는 '그린바나나'가 인수를 고려해볼 만한 물건이라고 분명히 믿고 있지만, 그것 말고도 인수 합병 문제가 생기면 나도 뭔가 할 일이 생길 것 같은 마음에 이 거래의 성사를 고집하는 점도 있었습니다. 솔직히 말하면 언제부턴가 나는 이 회사에 있는 동안 내 경력에 오점을 남길 것 같다는 불안감을 떨칠 수 없었습니다. 나는 사람들 앞에 떳떳이 내세울 만한 일을 하고 싶었습니다. 지난 18개월 동안 이 회사에서 내가 무슨 일을 했는지 이력서에 어떻게 적어야 할지 모르겠단 말입니다."

얀은 캐서린을 바라보았다. 그녀는 회의실에 있는 사람 중에서 유일하게 충격을 받지 않은 것 같았다. 닉은 계속했다.

"나는 지금이 현실을 직시하고 결단을 내려야 할 때라고 생각합니다."

닉은 잠시 멈추었다가 다시 시작했다.

"나에게는 변화가 필요합니다. 나는 이 팀과 회사에 공헌할 수 있는 방법을 찾아야 합니다. 그리고 나는 여러분의 도움이 필요합니다. 그렇지 않으면 나는 이곳을 떠나야 합니다. 하지만 아직은 그럴 준비가 되어 있지 않습니다."

솔직히 닉이 사표를 쓰지 않을까 예상했던 캐서린은 감상적인 태도가 옳지 않음을 알면서도 그가 계속 남게 되었다는 사실에 진한 감동을 느꼈다.

회의실 안은 조용했다. 아무도 닉과 팀을 위해 어떤 반응을 보여야 할지 몰라 그저 입을 꾹 다물고만 있었다. 캐서린은 닉의 고백을 축하하고 싶었지만 잠시 동안은 말없이 그대로 두는 것도 좋겠다고 생각했다.

마침내 캐서린이 침묵을 깨고 앞으로 나섰다.

"한 가지 발표할 것이 있습니다."

마틴은 이제 캐서린이 다정한 위로의 말을 건넴으로써 사람들끼리 따뜻한 교감이 이루어지는 장면을 보게 될 것이라고 확신했다. 그러나 그런 기대는 캐서린이 본론을 언급하면서 산산이 부서졌다.

"어젯밤 제이알이 회사를 그만두었습니다."

닉이 이야기를 마쳤을 때 회의실 분위기가 그저 담담했다면, 지금은 완전히 죽어버린 상태였다. 무척이나 긴 몇 초의 시간이 흘렀다.

처음 반응을 보인 사람은 마틴이었다.

"뭐라고요? 아니, 왜요?"

"이유는 그렇게 분명하지 않아요."

캐서린이 설명했다.

"최소한 그가 내게 말한 이유 때문은 아니란 뜻이죠. 분명한 건 제이알이 '애드소프트(AddSoft)'로 돌아가 한 지역을 담당하는 부사장이 되었다는 겁니다."

캐서린은 마지막 한마디를 남겨놓고 이 말을 해야 할지 머뭇거렸다. 그녀는 나중에 얘기할까도 생각했지만 그건 옳지 않은 행동이라고 판단했다.

"그리고 그는 사외 워크숍에서 다른 사람들의 개인사나 왈가왈부하면서 시간을 낭비하고 싶지 않다고 말하더군요."

또다시 무거운 침묵이 흘렀다. 캐서린은 그저 기다렸다.

이번에는 마이키가 먼저 입을 열었다.

"여기 있는 사람들 중에 지금과 같은 팀 만들기 방법이 지나치다고 생각하는 사람이 또 있나요? 우리가 지금 사태를 개선시키고 있는 건가요, 아니면 악화시키고 있는 건가요?"

카를로스도 눈썹을 치켜올렸다. 마이키의 문제제기가 적절하다고 생각하는 듯했다. 회의실 안에 심상치 않은 기운이 흘렀다, 주도권은 캐서린에게서 떠나고 있는 듯 보였다.

캐서린이 디시전테크에서 보낸 짧은 기간 중 가장 길었던 3초가 지났을 때 마틴이 맞장구를 치고 나섰다.

"글쎄요, 여기 있는 사람들에게는 내가 이런 식의 팀 작업을 죽도록 싫어한다는 사실이 전혀 새로울 게 없겠죠? 마치 칠판을 손

톱으로 긁고 있는 것 같은 느낌이라고나 할까요."

마틴은 그렇게 운을 띄워놓고 이야기를 계속했다.

"하지만 제이알이 캐서린에게 했다는 얘기는 내가 지금껏 들어본 것 중에서 가장 쓰레기 같은 말이군요. 나는 그저 제이알이 우리 제품들을 어떻게 팔아야 할지 몰라서 두려워했다고 생각합니다."

제프가 동의했다.

"몇 달 전에 공항에서 함께 맥주를 마시는데 그러더군요. 자기는 시장이 확보되어 있지 않은 상황에서 영업을 해본 적이 없다고요. 그리고 이름이 좀 알려져 있는 상표를 선호한다는 얘기도 했어요. 참, 이런 말도 했어요. 자기는 지금까지 한 번도 실패한 적이 없는데 여기서는 그렇게 되지 못할 것 같다고 말이죠."

얀이 덧붙였다.

"제이알은 영업실적에 관해 누가 물어보는 걸 아주 싫어했어요. 우리가 마치 자기를 공격하는 것처럼 느껴졌나봐요."

마이키도 거들었다.

"어쨌거나 우리가 따낸 거래의 대부분은 마틴과 제프 덕분이잖아요. 나는 그 사람이 정말로 뭔가를 알기나 했는지 모르겠어요."

캐서린이 대화에 끼어들려는 찰나에 닉이 먼저 말했다.

"뒤에서 제이알을 가장 많이 비난한 사람으로서 이런 말을 할 자격은 없지만, 우리 이러지는 맙시다. 그는 떠난 사람이에요. 우리는 앞으로 어떻게 할 것인지만 논의하면 됩니다."

카를로스가 자원했다.

"새로 적임자를 찾을 때까지 영업 쪽 일은 제가 임시로 맡겠습니다."

얀은 상대가 카를로스이기에 솔직하게 말했다.

"당신의 제안이 무척 고맙기는 하지만, 제가 보기에 좀 더 시간적인 여유가 있고 영업 경험도 있는 사람이 이 방에 당신 말고 둘이나 더 있는 것 같은데요."

그녀는 닉과 제프를 쳐다보았다.

"당신 둘 중에 한 명이 맡는 게 어때요?"

제프가 즉각 대답했다.

"제 얘기를 오해하진 마세요. 나도 여러분이 원하는 것이라면 뭐든지 하고 싶어요. 하지만 나는 영업망을 관리해본 적이 한 번도 없어요. 또 어떤 구역을 맡아서 그 조직을 이끌어본 적도 없고요. 나도 투자가나 거래처와 담판 짓는 걸 좋아하지만, 그들의 행동습성을 잘 아는 사람이 반드시 함께 있어야만 합니다."

마이키도 자신의 제안을 내놓았다.

"닉, 당신은 전에 있던 회사에서 현장을 지휘한 경험이 있잖아요. 또 직장생활 초기에는 영업팀을 맡았다고 들었어요."

닉이 고개를 끄덕였다. 그때 마틴이 몸을 앞으로 당기며 말을 꺼냈다.

"그러나 나는 닉과 처음 면접했을 때를 기억하고 있어요."

마틴은 가끔 사람을 앞에 놓고도 마치 그 자리에 없는 사람을 말하듯 3인칭으로 지칭하곤 했다. 그건 의도적으로 무례하게 굴려는 것이라기보다는 성격의 문제라고 봐야 할 것이다.

"닉은 이렇게 말했죠. 자기는 현장통이라는 딱지를 경력에서 떼어버리고 싶다고 말입니다. 그는 좀 더 총괄적인 핵심 리더의 역할을 맡고 싶어 했던 걸로 기억해요."

닉은 또다시 고개를 끄덕였다. 그리고 마틴이 자기에 관해 그런 사소한 것까지 다 기억하고 있다는 사실에 약간 감동받았다.

"맞아요, 마틴. 당시에는 내가 현장의 실무 책임자로만 분류되고 있다는 느낌을 받았죠."

회의실은 다시 조용해졌다. 닉이 말을 이었다.

"그렇지만 내가 영업 쪽에서 뛰어났던 건 사실이에요. 그리고 그 일을 하는 동안 무척 즐겁기도 했고요."

캐서린은 닉을 본격적으로 설득해봐야겠다고 생각했지만 꾹 참았다. 그러나 제프는 기다리지 않았다.

"닉, 당신은 이미 영업팀과 좋은 관계를 유지하고 있어요. 그리고 좀 더 많은 거래처를 확보하지 못하고 있는 상황에 대해 모두가 불만을 품어왔다는 걸 당신도 알고 있지요?"

카를로스가 농담을 던졌다.

"닉, 만일 당신이 그 일을 맡지 않는다면 저 사람들은 내 제안을 받아들일지도 몰라요."

캐서린은 닉을 향해 어깨를 으쓱해 보였다. 마치 '저 사람 말이 맞아요'라고 말하는 것 같았다.

"안 된다고 하면 직무태만으로 찍힐 테니 어쩔 수 없죠."

모두들 웃음을 터뜨렸다. 그때 갑자기 화재경보가 울렸다.

얀이 자신의 이마를 가볍게 쳤다.

"이런, 깜빡 잊고 있었네요. 오늘이 화재 대비를 위한 정기 훈련일입니다. 하프 문 베이 소방서에서 공문이 왔는데 이런 훈련을 일 년에 두 번씩 해야 한다더군요."

사람들은 자연스럽게 수첩과 펜을 챙겼다.

마틴이 마지막으로 익살을 떨었다.

"하느님 감사합니다. 몇 분만 더 있었으면 사람들이 서로 부둥켜안고 눈물을 흘릴지도 모른다는 느낌이 왔거든요."

누수

× × ×

며칠 후 캐서린의 노트북 컴퓨터에 몇 가지 문제가 생겼다. 그녀는 IT 부서에 전화를 걸어 문제를 해결해줄 직원을 찾았다. IT 부서의 전체 인원은 딱 네 명이었는데, 부서 책임자 브렌던은 얀의 직속 직원이었다. 부서의 규모로 볼 때 어떤 업무 요청은 브렌던이 직접 처리해도 그다지 이상할 게 없었다. 특히 회사 CEO의 요청이라면 더욱 그랬다.

브렌던은 즉시 캐서린 방으로 와서 노트북을 살펴보았다. 그는 완벽하게 수리하려면 노트북을 가지고 가는 게 좋겠다고 말했다. 캐서린은 이번 주말까지는 꼭 돌려주어야 한다고 단서를 달았다.

"네, 물론입니다. 아, 또다시 사외 워크숍을 개최할 시기가 되었군요."

캐서린은 브렌던이 사외 워크숍을 언급한 것이 전혀 놀랍지 않았다. 오히려 그녀는 임원들이 사무실을 떠나서 어떻게 시간을 보내고 있는지 직원들이 알고 있다는 사실이 반가웠다.

그러나 브렌던이 다음에 한 말이 문제였다.

"워크숍이 열리는 동안 벽 위에 붙어 있는 파리라도 되었으면 좋겠습니다."

캐서린은 그 우스갯소리를 그냥 흘려듣지 않고 물어보았다.

"그게 무슨 뜻이죠?"

브렌던은 훌륭한 기술적 재능이 부족한 사회성을 대신하는 사람이었다. 그는 지체 없이 대답했다.

"여기 직원들은 누군가 마이키에게 입바른 소리를 할 때 그녀의 반응을 볼 수 있게 해준다면 아마 돈을 내라고 해도 마다 하지 않을 겁니다."

평직원들도 마이키의 행동에 문제가 있음을 알고 있다는 사실에 캐서린은 속으로 잘되었다고 생각했다. 하지만 그거야 나중 문제고 브렌던의 말에 캐서린이 보인 최초의 반응은 실망이었다. 그녀는 첫 번째 워크숍에서 있었던 일을 얼마나 많은 직원들이 알고 있는지 궁금했다.

"글쎄요, 우리의 사외 워크숍 특성을 그런 쪽만 강조해서 묘사해도 괜찮을지 잘 모르겠군요."

캐서린은 이번 일로 브렌던이 비난받을 이유가 전혀 없음을 알고 있었다. 그녀는 얼른 화제를 바꾸었다.

"어쨌든 내 컴퓨터를 손봐줘서 고마워요."

브렌던이 나가자 캐서린은 이 상황을 어떻게 처리해야 할지 고민하기 시작했다.

두 번째 워크숍

캐서린이 처음 주재한 임원 회의는 사람들 사이에서 '화재경보 회의'라는 별명으로 널리 알려지게 되었다. 그로부터 며칠 후 두 번째 나파밸리 회동이 시작되었다.

캐서린은 자신이 늘 하던 대로 워크숍의 시작을 알렸다.

"우리는 풍부한 자금에 뛰어난 기술력, 그리고 능력과 경험이 풍부한 임원진을 보유하고 있으면서도 경쟁사 두 곳에 뒤처져 있습니다. 우리가 여기에 모인 이유가 이제는 진짜로 한 팀이 되어 더 효율적으로 일하기 위한 것임을 기억합시다."

캐서린은 개회사를 마친 다음 껄끄러운 논의 주제를 내놓았다. 그러나 되도록이면 위협적인 말투를 사용하지 않으려고 애썼다.

"모두에게 묻겠습니다. 혹시 부서 직원들에게 우리의 첫 번째 워크숍에 대해 이야기한 적이 있나요? 있다면 주로 무슨 이야기를 했나요?"

부드럽게 말하려고 노력하긴 했지만, 회의실 안의 분위기는 냉랭해져 갔다.

"나는 지금 특정한 누군가를 문책하려는 게 아닙니다. 단지 우리가 한 팀으로서 좀 더 분명하게 행동할 필요가 있다고 생각할 뿐입니다."

제프가 먼저 말을 꺼냈다.

"나는 아무 말도 하지 않았습니다. 단 한마디도 말입니다."

회의실 안에서 웃음이 터져 나왔다. 제프는 부하직원이 한 명도 없기 때문이었다.

다음은 마이키였다.

"저는 단지 우리가 알콩달콩 정을 나눌 수 있는 여러 가지 연습을 했다고 말한 게 다입니다."

마이키는 사람들을 웃겨보려고 그렇게 말했다. 하지만 사람들은 그녀가 한 말에 어느 정도 진실이 담겨 있다고 생각했기 때문에 아무도 웃지 않았다.

마틴이 갑자기 방어적인 자세로 나왔다.

"우리가 한 행동에 어떤 문제가 있다면 바로 말씀해주십시오. 사실 저는 부서의 수석 엔지니어들과 우리 워크숍에 관해 꽤 진술

한 대화를 나누었습니다. 직원들은 우리가 시간낭비나 하고 온 건 아닌지 알고 싶어 합니다. 그리고 저는 그들도 사실을 알아야 한다고 판단했습니다. 그렇지만 그것이 우리의 기밀사항을 누설한 것이라면 죄송하게 생각합니다."

사람들은 마틴의 말에 약간 어리둥절해했다. 평소보다 마틴이 말을 길게 하기도 했지만, 그답지 않게 약간은 감상적이었기 때문이다.

캐서린은 거의 웃음을 터뜨릴 뻔했다.

"저런, 나는 여기에 있는 그 누구에게도 화를 내고 있는 게 아닙니다. 각자 부서로 돌아갔을 때 워크숍에 관해서는 절대 얘기하지 말라고 다짐받으려는 것은 더더욱 아니고요. 사실은 오히려 적극적으로 직원들과 함께 워크숍에 대해 이야기했어야 한다고 말하고 싶었을 뿐입니다."

마틴은 안도하는 듯했다.

그때 얀이 말했다.

"아마도 제가 다른 사람들보다 많은 말을 우리 직원들하고 한 것 같습니다. 그리고 아마도 그들 가운데 한 명이 당신에게 무슨 얘기를 한 것 같고요."

캐서린은 오히려 자신이 얀에게 무언가 꼬투리를 잡힌 것 같은 느낌을 받았다.

"사실 이런 질문을 하게 만든 사람이 당신 직원 중 한 명이긴

해요."

마이키는 얀이 범인으로 밝혀진 것이 즐거운 모양이었다.

캐서린은 계속 말을 이었다.

"하지만 이 얘기는 특별히 당신 개인에 관한 것도, 다른 어떤 사람에 관한 것도 아닙니다. 나는 단지 기밀성과 충성의 관점에서 사태의 흐름을 이해하고자 하는 것뿐입니다."

"충성이라니 그게 무슨 뜻입니까?"

닉이 물었다.

"그게 무슨 뜻인가 하면……, 여러분에겐 최우선 팀이 어느 팀이죠?"

사람들은 혼란에 빠진 듯했다. 캐서린은 직설적으로 설명하기로 했다.

"여러분은 이 팀을 여러분이 거느리고 있는 담당부서만큼 중요하게 생각합니까?"

모두가 이해하는 것 같았다. 그리고 그들 각자의 머릿속에 들어 있는 정답 때문에 마음이 편치 않은 듯 보였다.

얀이 물었다.

"당신은 지금 여기서 있었던 일 중에 반드시 비밀을 지켜야 하는 사항까지 각자의 부서원들에게 이야기했는지 그게 궁금한 거군요."

캐서린은 고개를 끄덕였다. 마이키가 먼저 대답했다.

"솔직히 나는 여기에 있는 사람들보다 나의 부서 직원들과 훨씬 더 가깝다고 생각해요. 미안하지만 그건 어쩔 수 없는 사실이에 요."

닉도 인정했다.

"아마 저도 마찬가지라고 말하고 싶군요. 맡은 지 얼마 안 되는 영업팀을 제외하고요."

그러나 그는 잠시 생각한 후 말했다.

"하지만 몇 주 안에 그들과도 이 팀보다 더 가까워질 것 같은데 요."

비록 닉의 말에 농담이 섞여 있었고 실제로 몇몇 사람들이 가볍게 웃기는 했지만, 그 말 속에 담겨 있는 서글픈 진실이 회의실 분위기를 더욱 위축시키는 것 같았다.

얀이 이어서 말했다.

"내 생각에는 우리 모두가 이 팀보다 각자의 부서를 더 중요하게 여기는 것 같습니다."

그녀는 잠시 주저하다 말을 이었다.

"하지만 나보다 더 그럴 사람은 아무도 없을 겁니다."

얀의 마지막 말이 모든 사람들의 이목을 집중시켰다.

"그 이유를 설명해주겠어요?"

캐서린이 부드럽게 물었다.

"여기 있는 사람이면 다 알겠지만, 저는 직원들과 무척 단단한 관계를 맺고 있습니다. 제 직원 여덟 명 가운데 다섯 명은 제가 다른 회사에 있을 때도 함께 일했던 사람들이고요. 그들에게 저는 부모와도 같은 입장이라고 할까요."

카를로스가 농담을 던졌다.

"우리를 지키는 암사자처럼 말이죠."

사람들이 모두 웃었다. 얀도 미소를 지어 보이며 고개를 끄덕였다.

"맞아요, 정말 그래요. 그렇다고 제가 지나치게 감상적인 건 아니에요. 다만 그 친구들은 내가 자기들을 위해 할 수 있는 일은 거의 모두 해준다는 걸 알고 있다는 겁니다."

캐서린은 모든 진실을 알아냈다는 듯 고개를 끄덕였다.

마틴이 얀을 옹호했다.

"그건 나쁜 게 아니에요. 나의 수석 엔지니어들도 내가 자기들을 보호해준다는 걸 알고 있어요. 그리고 그 결과 그들은 나를 위해 죽을힘을 다해 일하죠."

얀이 보탰다.

"그리고 그들은 사정이 어려워져도 떠나지 않습니다. 나의 직원들의 충성도는 정말 대단합니다."

캐서린은 가만히 듣고만 있었다. 그러나 닉은 그녀가 곧 반대의 견을 내놓을 거라고 예감했다.

"당신은 지금 이것이 문제라고 얘기하는 건가요? 나는 당신이 우리에게 좋은 관리자가 되어야 한다고 강조할 줄 알았는데요."

얀의 말에 캐서린은 모두를 안심시켰다.

"물론 그렇죠. 여러분 모두가 직원들에게 얼마나 강한 애정을 갖고 있는지 확인하고 나니 나도 매우 기쁘군요. 그리고 그것은 내가 직원들과 처음 면담했을 때 알게 된 사실과 일치합니다."

사람들은 기다렸다. 그들은 속으로 '그런데 도대체 뭐가 문제라는 거야?' 하고 말하는 것 같았다.

캐서린은 말을 이었다.

"그러나 회사가 한 팀으로 행동하지 않는 훌륭한 관리자들의 집합이 되어버렸을 때, 그 관리자들과 회사에는 딜레마가 생길 수 있습니다. 여러분도 알겠지만 그건 우선시해야 하는 팀이 어디냐에 관한 혼란으로 이어지게 마련입니다."

제프가 문제를 분명히 하기 위해 물었다.

"우선시해야 하는 팀이라고요?"

"네, 여러분의 최우선 팀 말입니다. 그리고 이 모든 이야기는 마지막 함정과 관계가 있습니다. '팀의 결과를 개인의 결과보다 우선시하라.' 여러분의 최우선 팀은 바로 지금 우리들이어야 합니다."

캐서린은 사람들을 둘러보았다. 자신이 가리키는 팀이 바로 임원으로 구성된 이 팀임을 분명히 하기 위해서였다.

"자신의 직원들에게 강한 애정을 느끼는 건 매우 훌륭한 자세이기는 하지만, 그렇다고 그것이 여기 모인 팀에 대한 충성과 헌신의 희생을 가져와서는 안 된다는 겁니다."

사람들은 캐서린의 말뜻을 이해하고는 그 말이 담고 있는 어려움을 곱씹어보았다.

얀이 먼저 입을 열었다.

"그건 참 어려운 문제로군요, 캐서린. 제 말은 제가 여기에서 당신 이야기에 동의하고, 당신에게 내가 가장 우선시하는 팀은 지금 이 팀이 될 거라고 내키지 않는 약속을 하기는 어렵지 않을 거라는 말입니다. 그러나 제가 저의 부서를 탄탄히 만들기 위해 지금껏 그토록 열심히 해왔던 일을 어떻게 포기할 수 있을지 그건 잘 모르겠습니다."

카를로스가 만족스러운 중재안을 찾으려고 노력했다.

"그걸 굳이 포기할 필요는 없다고 보는데요."

그는 캐서린의 동의를 기대했다. 그녀는 눈을 지그시 감았다. 자신의 방침을 고수할 수밖에 없는 상황이 걱정스러운 듯했다.

"글쎄요, 그것을 아예 끝장내버릴 필요까지는 없겠지요. 그러나 그쪽과의 관계를 일부러라도 부차적인 것으로 여길 필요는 있습니다. 물론 이 말이 여러분에게는 아예 포기하라는 얘기와 별반 다르지 않다는 걸 알고 있지만요."

사람들은 약간은 기운이 빠진 듯한 얼굴로 그 받아들이기 어려운 명제를 다시금 곱씹었다. 이때 제프가 분위기를 바꾸기 위해 입을 열었다.

"나에게는 지금 하고 있는 얘기가 얼마나 싱겁게 들리는지 모르겠군요. 나는 바로 당신들이 나의 최우선 팀이거든요. 나에게는 찾아가서 불만을 토로할 수 있는 다른 사람들이 애초에 없었다고요."

사람들이 모두 웃음을 터뜨렸다. 농담이었지만 그의 이야기 속에는 애처로운 진실이 들어 있다는 사실을 모두가 알 수 있었다. 그리고 그들은 제프에게 미안한 감정이 들었다.

캐서린은 이제 요점을 정리할 필요를 느꼈다.

"이 말밖에는 달리 할 말이 없는 것 같군요. 팀을 구축하는 일은 어렵습니다."

아무도 말을 하지 않았다. 캐서린은 그들의 표정에서 일말의 의구심을 읽을 수 있었다. 그러나 그것 때문에 단념할 수는 없었다. 왜냐하면 그들의 의구심은 팀의 구축이 과연 중요한가에 대한 것이라기보다 자신들이 실제로 그 일을 해낼 수 있을지에 관한 것이기 때문이었다. 이런 종류의 의심이라면 캐서린은 언제나 환영이었다.

난관

캐서린은 본론으로 들어갔다.

"자, 이 문제를 여기서 당장 해결할 수는 없을 겁니다. 그건 하나의 과정이니까요. 이것 때문에 우리가 원래 계획한 핵심 사안들을 방치해두어서는 안 되겠죠. 이제 팀을 구축하려는 우리의 계획에만 좀 더 열중합시다. 그렇게만 된다면 이 팀을 자신의 최우선 순위로 놓게 되리라는 기대가 그렇게 허황되고 강압적인 것만은 아닐 겁니다."

사람들이 의기소침한 분위기를 떨쳐버릴 준비가 된 듯하자 캐서린이 가벼운 질문을 던져 몸풀기에 들어갔다.

"우리는 그동안 어땠습니까?"

먼저 제프가 대답했다.

"지난번 워크숍 이후로 지금까지 생긴 일들을 부인할 수 없을 거라고 생각합니다. 그러니까 제 얘기는 만일 당신이 내게 제이알이 그만둘 것이고 그 자리를 닉에게 맡길 계획이라고 말했더라면, 나는 당신이 처음부터 모든 일을 다 꾸몄다고 비난했을 것입니다."

닉이 동의했다.

"나도 내가 그 자리를 맡게 될 줄은 전혀 몰랐어요. 그리고 내가 그 일을 재미있어 할 것이라고는 생각지도 않았죠. 그러나 지금으로선 꽤 좋은 편입니다. 물론 우리가 목표로 한 수치에 도달하려면 아직 갈 길이 멀기는 합니다만."

캐서린은 논의의 초점을 바로잡았다.

"그럼 다시 묻겠습니다. 우리가 팀으로서 어떻게 일하고 있나요?"

얀이 대답했다.

"제 생각에는 잘하고 있는 것 같은데요. 제대로 된 방향으로 나아가고 있는 것 같고, 확실히 예전보다 생산적인 충돌을 많이 겪었습니다."

여기저기서 웃음소리가 들려왔다.

"나는 잘 모르겠습니다. 나는 의심이 들기 시작했어요."

이런 식의 발언에 캐서린은 보통 놀라지 않는 편이었다. 그러나 그 사람이 카를로스라면 얘기가 달라진다.

"그건 왜 그렇죠?"

캐서린의 질문에 카를로스는 얼굴을 찌푸렸다.

"모르겠어요. 우리가 아직도 정작 중요한 문제들에 대해서는 충분히 얘기하지 않고 있다는 느낌입니다. 아마 제가 조금 조급해서 그런지도 모르겠습니다."

"당신이 생각하고 있는 중요한 문제들이라는 게 뭐죠?"

얀이 궁금증을 드러내며 큰 소리로 물었다.

"글쎄요, 괜한 분란을 일으키고 싶진 않아서……."

캐서린이 끼어들었다.

"나는 그랬으면 좋겠는데요."

카를로스가 미소를 지었다.

"굳이 얘기하자면 회사 전체를 놓고 볼 때 우리가 회사의 한정된 자원을 적재적소에 활용하고 있는지 그게 궁금합니다."

마틴은 카를로스가 자신을 두고 말하는 것 같았다. 그리고 그의 생각은 옳았다.

"회사의 자원이라니 그게 무슨 뜻입니까?"

카를로스는 더듬거렸다.

"글쎄요, 잘 모르겠어요. 제가 생각하기에 우리는 굉장히 큰 기술개발 조직을 갖고 있는 것 같습니다. 회사의 3분의 1 정도를 차지한다고 볼 수 있죠. 그렇다면 우리가 좀 더 많은 예산을 영업이나 마케팅, 혹은 컨설팅에 쓸 수도 있지 않을까요?"

마틴은 감정적인 반박에 나서지 않았다. 그는 이런 경우 냉소적 접근법이라고 부르는 자신만의 방법을 선호했다. 그것은 소크라테스식 대화술을 냉소적인 형태로 변형시킨 것이다. 그가 막 카를로스의 선전포고에 교묘하게 이의를 제기하려는 찰나, 마이키가 이 논쟁에 합류했다.

"나도 카를로스의 말에 동의합니다. 솔직히 말해서 우리 회사의 수석 엔지니어 가운데 절반은 무슨 일을 하는지도 모르겠어요. 그리고 회사의 여유자금을 오히려 한 차원 높은 마케팅과 PR을 위해 사용하자는 아이디어가 나의 군침을 돌게 만드는군요."

마틴은 다른 사람의 귀에 들릴 정도로 크게 한숨을 내쉬었다. 마치 이렇게 말하는 것 같았다. '결국 또 만났군.' 그의 불쾌감은 회의실 안에 있는 사람이면 누구나 눈치챌 수 있을 정도로 컸다.

캐서린은 일촉즉발의 상황을 진정시키기 위해 분위기를 약간 누그러뜨렸다.

"좋아요, 이 문제를 확실히 매듭짓도록 하죠. 그렇지만 막연하게 무언가를 잘못하고 있을 거라는 추측은 하지 맙시다. 우리는 단지 회사의 자금을 올바르게 사용하는 최선의 방법을 찾아야 할 의무가 있을 뿐입니다. 이건 종교전쟁이 아니라 기업의 전략에 관한 문제입니다."

긴장감을 어느 정도 완화시킨 캐서린은 본격적인 논쟁에 불을

붙였다. 그녀는 먼저 마틴을 겨냥하여 말을 꺼냈다.

"내가 보기에 당신은 사람들이 기술개발에 대한 투자를 놓고 의문을 제기한 것 때문에 화가 난 것 같군요."

마틴은 침착했지만 반발의 강도는 높았다.

"맞습니다. 정확히 잘 보셨어요. 사람들은 우리가 투자하고 있는 것이 기술이라는 사실을 이해하지 못하는 것 같습니다. 우리는 제품을 만드는 회사입니다. 내가 수석 엔지니어들을 데리고 골프 여행이나 다니며 돈을 낭비하는 것과는 전혀 다른 차원이란 말입니다."

닉이 외쳤다.

"마틴, 수석 엔지니어들은 골프를 좋아하지 않아요."

한바탕 웃음소리가 지나간 후 신임 영업 책임자인 닉이 논의를 재개했다.

"우리는 지금 당신을 인격적으로 믿을 수 없다고 얘기하는 게 아닙니다. 당신의 판단이 약간은 한쪽으로 편향되어 있을 수도 있다는 얘기지요."

마틴은 마음을 진정할 준비가 되어 있지 않았다.

"편향되어 있다고요? 나는 여기에 있는 그 누구보다도 많은 거래처를 찾아가는 사람입니다. 그리고 애널리스트들한테도 늘 이렇게 말합니다. 그러니까……."

얀이 뛰어들었다.

"진정해요, 마틴. 우리는 당신이 회사에 헌신하지 않는다고 문제 삼는 게 아니에요. 지금 얘기는 단지 당신이 우리 중 기술개발에 대해 가장 잘 알고 있고, 아마 그렇기 때문에 당신이 제품개발에 대해 많은 투자를 원하는 게 아니겠냐는 거지요."

그리고 나서 얀은 마침내 문제의 핵심을 건드렸다.

"그건 그렇고, 다른 사람이 기술개발에 대한 말만 꺼내면 당신은 왜 그렇게 화를 내면서 대응하는 거죠?"

그건 마치 마틴에게 얼음물을 한 바가지 끼얹은 것이나 다름없었다. 회의실에 있는 다른 사람들에게도 조금씩 그 찬물이 튄 분위기였다.

일보전진

마이키가 보태고 나섰다. 그러나 평소보다는 훨씬 부드러운 목소리였다.

"얀의 말이 맞아요. 당신은 마치 우리가 당신의 지적 능력을 문제 삼기라도 하듯이 반응하더군요."

마틴도 끈질기게 대답했는데, 이번에는 좀 더 침착했다.

"당신들이 하고자 하는 말이 이건가요? 당신들은 내가 제품을 개발하고 품질을 유지하는 데 필요한 예산을 과도하게 책정하고 있다고 말하는 거잖아요."

얀은 마이키보다는 좀 더 재치 있는 방식으로 설명했다.

"아닙니다. 우리 얘기는 그것보다 훨씬 더 폭넓은 거예요, 마틴.

시장에서 승리하려면 우리의 제품이 얼마나 좋아야 하는지 묻고 있는 겁니다. 또한 우리 회사가 미래의 기술력 싸움에서 우위를 차지하려면 어느 정도의 노력을 투자해야 하는지 묻고 있는 겁니다. 왜냐하면 미래를 위해 투자하는 동안 현재 기술을 수용할 수 있는 시장을 잃는 결과가 나타날 수도 있기 때문이죠."

캐서린은 얀이 제시한 전망에 중요한 내용을 덧붙였다.

"그리고 당신 혼자서 그 문제를 규명할 수 있다는 것은 말이 되지 않습니다. 여기 있는 사람 중에 다른 사람의 조언이나 판단에 도움을 받지 않고 문제의 정답을 알 수 있을 정도로 폭넓고 깊이 있는 식견을 갖춘 천재는 없다고 생각합니다."

좀 더 합리적인 설명이었지만 역설적이게도 마틴은 오히려 더 마음의 상처를 받은 것 같았다. 마이키의 명료하지 않은 주장은 쉽게 물리칠 수 있었지만, 얀과 캐서린의 공정하고 논리적인 반박에는 어쩔 도리가 없는 모습이었다.

"좋은 제품을 만들기 위해 시간과 정력을 쏟아붓고도 별 볼일 없는 기술 때문에 시장에서 쫓겨났을 때, 우리의 임종을 비난하는 회사의 저주 가득한 비문을 듣고 있을 생각은 추호도 없단 말입니다."

이 말은 다섯 번째 함정을 노골적으로 증명하는 꼴이었다. 캐서린이 그 점을 미처 지적하기도 전에 마틴이 선수를 쳤다.

"네, 맞아요. 이 말은 내가 회사의 성공에 공헌하는 것보다 개인적인 비난을 피하는 데 더 관심이 있다는 얘기로 들리겠죠. 하지만……."

마틴은 자신이 한 말에 대해 그럴듯한 해명을 못 찾고 있었다. 이때 얀이 그를 구출해주었다.

"당신은 내가 지금 문제에 관해 왜 그렇게 꽉 막혔다고 생각하죠?"

그것은 정답을 요구한 질문이 아니었기 때문에 얀은 자신의 질문에 스스로 답변했다.

"내가 가장 원치 않는 게 있다면 〈월스트리트 저널〉에서 우리 회사가 현금을 제대로 운용하지 못하는 바람에 문을 닫게 되었다는 기사를 읽는 거예요. 그리고 카를로스는 고객지원 문제로 우리를 가라앉게 만들고 싶지 않을 거고, 마이키는 새로운 브랜드를 개발하지 못해서 실패하는 일이 없기를 원할 겁니다."

그렇게 공평하게 비난을 분산시켰음에도 불구하고 마이키는 자기 몫을 받아들일 수 없다는 태도를 보였다. 얀을 쳐다보는 그녀의 표정은 꼭 '나는 그런 건 걱정이 안 되는데요'라고 말하는 것 같았다.

얀은 그런 마이키의 태도를 무시한 채 나머지 사람들을 향해 말했다.

"이를테면 우리 모두 혼자만이라도 타이타닉호의 구명보트에 올라타려고 애쓰고 있는 거나 다름없다는 얘기죠."

"우리 상황이 그렇게까지 절망적인 수준은 아니라고 생각합니다."

닉이 반박했다. 캐서린은 자신의 CFO가 사용한 비유를 조금 수정해주었다.

"그렇다면 우리 모두가 만일에 대비하여 되도록이면 구명보트에 최대한 가깝게 있으려고 애쓴다고 합시다."

닉은 '그 정도라면 인정할 수 있어요'라고 말하는 듯 고개를 끄덕였다. 캐서린은 다시 본래의 논의 주제로 돌아가 마틴을 향해 유도심문을 던졌다.

"그래서 우리의 현 위치가 어디입니까?"

마틴은 숨을 깊게 들이마시며 고개를 가로저었다. 그 모습은 자신은 지금까지 나온 모든 얘기에 동의하지 않는다는 것 같았다. 하지만 그러면서 내뱉은 그의 한마디가 모든 사람을 놀라게 만들었다.

"좋습니다. 여기서 한번 규명해봅시다."

그는 화이트보드로 걸어가 자기 부서의 전체 조직표를 그렸다. 그리고 각자가 무슨 업무를 맡고 있으며, 전체 조직이 유기적으로 어떤 형태를 띠고 있는지 설명했다. 동료들은 진심으로 놀라지 않을 수 없었다. 그 이유는 두 가지였다. 하나는 자신들이 기술개발 부서에서 어떻게 일이 진행되고 있는지 너무나 모르고 있었다는 점이었고, 다른 하나는 그 부서가 얼마나 훌륭하게 조직되어 있는지 비로소 알았기 때문이었다.

마틴이 설명을 끝마치고 나자 캐서린은 사람들에게 두 시간을 주면서 기술개발 부서에 배정된 예산을 늘리거나 줄일 경우에 어떤 장점이 있겠는지, 그리고 만약 줄인다면 남는 예산을 어느 분야에 써야 할지에 대해 논의하게 했다. 토론하는 동안 팀은 때때로 매우 격렬한 논쟁을 벌였고, 의견을 바꾸기도 했으며, 원래의 주장을 철회하기도 했다. 그렇게 해서 결국 해답이 그렇게 분명치 않다고 잠정적인 결론을 내렸다.

아마 무엇보다도 중요한 것은 캐서린을 포함한 팀의 구성원 모두가 최소한 한 번은 펜을 들고 화이트보드 앞으로 걸어가 자기 주장의 핵심을 설명했다는 점이다. 간혹 하품을 한 사람도 있었지만 그것은 지루해서가 아니라 완전히 녹초가 되어버렸기 때문이었다.

마침내 제프가 해결책을 제시했다. 그는 미래를 대비한 제품 생산라인 하나를 완전히 포기하고, 다른 것도 최소 6개월간 연기하자고 제안했다. 덧붙여 닉은 현재 그 프로젝트를 담당하고 있는 수석 엔지니어 인력을 재배치하고, 시제품 발표회 등에서 그들이 영업사원들을 도와줄 수 있도록 연수시키자는 의견을 내놓았다.

몇 분이 지난 후 사람들은 동의했고, 변경된 계획을 실천에 옮기기 위한 긍정적인 향후 일정의 윤곽을 잡았다. 그리고 그들 앞에 놓인 화이트보드 위에 적혀 있는, 복잡하지만 그럴듯한 해결

방안을 경이로운 마음으로 바라보았다.

캐서린은 논의가 일단락되자 나가서 점심을 먹자고 제안했다.
그리고 한마디 보탰다.

"돌아오면 사람들 사이에 느낄 수 있는 불편함을 어떻게 처리할
것이며, 서로에게 어떻게 철저한 책임을 물을 것인지에 관해 얘기
하게 될 것입니다."

"그때까지 못 기다리겠는데요."

마틴의 익살맞은 한마디는 지금의 일정을 비난하기 위한 것이
아니었고, 실제로 그렇게 받아들인 사람도 아무도 없었다.

책임감

점심을 먹은 후 캐서린은 오전 회의에서 살아난 논의의 추진력을 유지해야겠다고 결심했다. 그러기 위해서는 현실적인 문제에 초점을 맞추는 것이 유일한 방법이라고 판단했다. 먼저 닉에게 18건의 거래처 확보 목표에 관하여 현재 진행상황을 재검토하는 토론을 주재해달라고 부탁했다.

닉은 화이트보드 앞으로 가서 첫 번째 워크숍 때 사람들이 집중하기로 동의했던 네 가지 핵심 추진과제를 적었다. 신제품 견본, 경쟁업체 분석, 영업사원 연수, 그리고 제품 소개 책자가 그것이었다. 닉은 차례대로 목록을 점검해나갔다.

"마틴, 신제품 견본 프로젝트는 어떻게 진행되고 있습니까?"

"예정보다 진행이 빠릅니다. 우리가 생각했던 것보다 조금 쉽게 될 것 같아서 1, 2주 정도 빨리 끝내려고 합니다. 카를로스의 도움이 컸습니다."

닉은 시간을 낭비하고 싶지 않았다.

"훌륭합니다. 카를로스, 경쟁업체 분석은 어떻습니까?"

카를로스는 탁자 위에 쌓아놓은 문서 더미를 죽 훑어 내려갔다.

"최신 자료를 정리해 가져왔습니다만 찾을 수가 없네요."

그는 자료 찾기를 포기하고 말했다.

"어쨌든 우리는 아직 본격적으로 일에 착수하지 않았습니다. 여태까지 업무 협조 회의를 열지 못했습니다."

"그건 왜죠?"

닉은 캐서린이 예상했던 것보다 훨씬 참을성이 있었다.

"솔직하게 말하자면 당신 부서 직원들 중에 상당수가 시간을 내주지 않았기 때문입니다. 그리고 저 또한 견본 프로젝트 건으로 마틴을 돕느라 바빴습니다."

잠시 동안 침묵이 흘렀다. 닉은 건설적인 방향으로 일을 처리하기로 결심했다.

"우리 부서 직원 중에 누가 비협조적인 태도를 보였습니까?"

카를로스는 구체적으로 지목하고 싶지 않았다.

"나는 그들을 탓하고 있는 것이 아닙니다. 단지……."

닉이 말을 가로막았다.

"괜찮습니다. 좀 더 책임감을 갖고 일해야 할 사람이 누군지 말씀해주십시오."

"이것 참……, 내 생각에는 잭이 열쇠인 것 같더군요. 그리고 켄하고요. 또 확실한 건 아니지만……."

이번엔 캐서린이 말을 가로막았다.

"잠깐, 여기서 어떤 문제를 발견한 사람 없나요?"

닉이 먼저 대답했다.

"네, 저는 우선 처리해야 할 업무에 대해 제 부서 직원들과 얘기해야 했습니다. 그리고 그들에게 성심성의껏 지원하겠다는 다짐도 받았어야 했고요."

캐서린은 그 말이 옳다고 인정했다. 그러나 그녀는 아직 더 있다고 생각했다.

"그런데 카를로스는 어때요? 카를로스가 그 전에 이 문제를 해결하기 위해 당신을 찾아왔어야 했다고 생각하지 않나요? 그가 아직 경쟁업체 분석을 시작조차 하지 않았다고 말했을 때 여러분 중에 어느 누구도 문제를 제기하지 않았습니다."

편치 않은 침묵이 다시 흘렀다. 카를로스는 매우 신중한 사람이었기 때문에 상사의 다그침에 과도한 반응을 보이지 않았다. 짧은 순간이지만 그는 이 문제를 객관적으로 생각하는 것 같았다.

마틴이 뛰어들었다.

"열심히 일하고 있는 사람을 비판하는 건 어려운 일이죠."

캐서린은 고개를 끄덕였지만 단호하게 말했다.

"당신 말이 맞아요, 마틴. 하지만 그건 좋은 변명이 아니에요. 카를로스는 우리의 동의대로 좀 더 분명하게 업무의 우선순위를 매겼어야 했어요. 그리고 자신의 요구에 따르지 않는 조직 내의 사람들에게 명확히 문제를 제기했어야 합니다."

자신이 도마 위에 오른 것이 불쾌할 거라고 판단한 캐서린은 카를로스를 향해 곧바로 해명했다.

"나는 당신을 하나의 사례로 들고 있을 뿐입니다. 왜냐하면 당신이야말로 가장 쉽게 궁지에서 벗어날 수 있는 사람이니까요. 이 문제는 누구에게나 해당될 수 있습니다. 어떤 사람이 여러 사람에게 큰 도움을 주고 있다면 그에게 어떤 문제의 책임을 묻기가 굉장히 어려운 게 사실입니다. 또 어떤 사람은 너무 화를 잘 내기 때문에 그럴 수 있고, 어떤 사람은 너무 위압적이기 때문에 그럴 수도 있지요. 어떤 유형의 사람이든 책임을 추궁하는 일은 결코 쉽지 않습니다. 심지어는 자기 자식한테도 그렇게 하기가 쉽지 않더군요."

그녀의 마지막 말이 팀 내 몇몇 사람들의 공감을 불러일으켰다. 캐서린은 계속했다.

"나는 여러분 모두가 상대방의 업무에 관해 문제를 제기해주길 바랍니다. 무슨 일을 하고 있는지, 어떻게 시간을 쓰고 있는지, 충분한 진전이 있었는지 등등 말이죠."

마이키가 이의를 제기했다.

"어쩐지 그건 서로를 신뢰하지 못해서 하는 행동처럼 생각되는데요."

캐서린은 고개를 가로저었다.

"아닙니다. '신뢰'란 모두가 내 편이라는 생각과는 다른 겁니다. 서로 신뢰한다고 해서 상대에게 압박을 가할 필요가 없다고 생각해서는 안 됩니다. 신뢰란 팀의 구성원이 언제 동료를 압박해야 할지 그때를 정확히 아는 것입니다. 팀에 애정을 갖고 있기 때문에 그 일을 하는 것입니다."

닉이 명확히 해주었다.

"그러나 동료를 화나게 하는 방식으로 압력을 주어서는 안 되겠죠."

그의 발언은 꼭 질문처럼 들렸다. 그래서 캐서린이 대답해주었다.

"맞습니다. 압박을 하되 존중하는 마음이 있어야 합니다. 그리고 내가 아니어도 누군가는 그렇게 했을 것이라는 생각을 염두에 두어야 하고요. 그러나 어쨌든 압박하세요. 결코 머뭇거려서는 안 됩니다."

다들 요점을 잘 이해하는 것 같았다. 캐서린은 잠시 동안 사람들이 내용을 소화하도록 내버려둔 뒤 닉에게 계속할 것을 지시했다.

닉은 이어서 다시 시작했다.

"그럼 이번에는 세 번째 항목으로 가보죠. 영업사원 연수 프로

그램 건입니다. 이 항목은 바로 제 소관인데요, 적당한 속도로 업무를 진행하고 있습니다. 참, 영업사원들을 대상으로 2일 간의 워크숍을 계획하고 있는데 이 자리에 있는 우리 모두 그 자리에 참석해야 한다고 생각합니다."

마이키가 물었다.

"그건 왜죠?"

"왜냐하면 우리 모두가 바로 세일즈맨의 자세를 가져야 하기 때문입니다. 특히 18곳의 새로운 거래처를 확보하는 것이 정말로 우리가 당면한 최우선 과제라면 말이죠."

마이키가 아무 말이 없자 닉은 계속했다.

"워크숍 때 모두 참석하리라 믿습니다. 그리고 거기서 외근직 영업사원들을 어떻게 도와줄 것인지에 대해서도 연구해보도록 하죠."

닉은 워크숍 날짜를 알려주었고 사람들은 각자의 수첩을 펴고 날짜를 적었다. 그런데 마이키는 여전히 심술이 나 있는 것 같았다.

"무슨 문제 있습니까, 마이키?"

닉이 물었다.

"아뇨, 없습니다. 계속하세요."

닉이 그 말을 받아들일 리 없었다. 그녀의 말 속에 불만이 가득하다는 것을 충분히 느낄 수 있었기 때문에 닉은 그냥 넘어가지 않았다.

"만일 영업사원 연수를 위한 워크숍에 참석하지 않아도 될 만한 합당한 이유가 있다면 말씀해주십시오. 나는 기꺼이 그 이유를 들을 준비가 되어 있습니다."

닉은 그녀가 곧바로 응답할지 확인하기 위해 잠깐 말을 끊었다. 대답이 없자 그는 계속했다.

"솔직히 말해서 나는 워크숍에 참석하지 못할 만큼 중요한 일이 있을 것 같지 않군요."

마침내 마이키가 냉소적인 어투로 대답했다.

"좋아요, 그럼 나도 다음 주에 열리는 제품 마케팅 회의에 모든 사람들이 참석해주었으면 좋겠어요."

닉은 다시 한번 자제력을 발휘했다.

"진심입니까? 만일 당신이 생각하기에 우리 모두 그 자리에 있어야만 하고, 실제로 그게 의미가 있다면 우리도 그렇게 할 겁니다."

마이키는 그의 제안은 염두에 두지 않았다.

"그만둬요. 영업사원 연수 장소에 나갈게요. 나는 제품 마케팅 회의에 아무도 필요하지 않아요. 마틴만 오면 돼요."

바로 그 순간 캐서린은 마이키가 팀에서 나가는 게 좋겠다고 확신했다. 그러나 불행히도 다음 5분 동안 벌어진 일이 그녀가 생각했던 것보다 그 일의 결행을 어렵게 만들었다.

개인적 공헌

닉은 목록상의 네 번째 항목으로 주제를 옮겼다.

"마이키, 제품 소개 책자 건은 어떻게 진행되어가고 있습니까?"

"준비 다 됐어요."

그녀는 잘난 체하는 것처럼 보이지 않으려고 애쓰는 모습이 역력했다. 닉은 약간 놀랐다.

"정말입니까?"

동료들이 자신의 말을 믿지 않는 것 같자 마이키는 가방에서 멋드러진 인쇄물 한 뭉치를 꺼낸 다음 회의실에 있는 사람들에게 돌리기 시작했다. 모두가 인쇄물의 디자인을 살펴보고 내용을 읽어보는 바람에 회의실은 조용해졌다. 캐서린은 대부분의 사람들이 내용물의 높은 수준에 흡족해하고 있음을 느꼈다.

그러나 닉은 불만스러워 보였다.

"이렇게 해놓고 나에게 뭐라고 얘기할 참이었죠? 영업사원 몇 명이 밖에 나가서 이 소개 책자를 만드는 데 필요한 고객 설문조사를 어렵게 해왔는데, 그 사람들이 조금 화를 낼 것 같아서 말입니다. 자기들이 보내준 자료가 한 토막도 들어 있지 않은 것을 발견하게 되면……."

마이키가 말을 끊었다.

"이런 일에 관해서는 우리 부서 직원들이 회사 안의 누구보다도 잘 알아요. 그렇지만 굳이 당신 부서 사람에게 자기 의견을 여기에 보탤 수 있게 해주고 싶다면 그렇게 할 수도 있습니다."

말은 그렇게 했지만 마이키는 그럴 필요가 전혀 없다고 생각하는 것이 분명했다. 닉은 눈앞의 결과물에 감명을 받았다는 사실과 그것이 만들어지는 과정에서 모욕받았다는 사실 사이에서 괴로워하는 것 같았다.

"알겠습니다. 일이 더 진행되기 전에 이 책자를 꼭 봐야 할 서너 명의 직원 명단을 보내겠습니다."

마이키가 이룬 성과로 고조된 분위기는 닉에 대한 그녀의 냉랭한 반응으로 상쇄되고 말았다. 제프는 차가워진 분위기를 바꿔보려고 노력했다.

"어쨌든 당신과 당신 직원들이 일을 훌륭히 해냈군요."

마이키는 칭찬을 듣자 조금 지나칠 정도로 기뻐했다.

"여하튼 나도 이 일에 열심히 매달렸어요. 이건 정말 내가 최선을 다한 작품이죠."

회의실 분위기는 그들 동료의 계속되는 거만한 태도 때문에 서서히 불만에 휩싸여갔다. 이렇게 결정적인 순간이 쉽게 찾아오지 않는다는 사실을 잘 아는 캐서린은 더 이상 지체할 수 없다고 판단했다. 6시 저녁식사 때까지 휴식시간을 선포한 후 그녀는 마이키를 제외한 모든 사람을 해산시켰다.

결행

✕ ✕ ✕

모두가 회의실을 떠나고 뒤쪽 출입문이 쿵 닫히자 캐서린은 자책감과 함께 혼자서 산책을 나가고 싶은 유혹에 휩싸였다.

'이 상황에서 그냥 벗어나버리면 안 될까?'

캐서린은 마이키가 과연 무슨 생각을 할지 궁금했다.

그러나 마이키는 앞으로 벌어질 일에 대한 어떤 생각도 없는 것 같았다. 그녀가 전혀 눈치채지 못하고 있다는 사실이 이 문제를 더 쉽게 만들 것인지 아니면 더 어렵게 만들 것인지 캐서린은 판단할 수 없었다.

"이건 좀 어려운 대화가 될 거예요."

순간 마이키의 얼굴에 심상치 않은 표정이 떠올랐다. 그러나 그

표정은 곧 사라졌다. 캐서린은 숨을 크게 들이마신 다음 곧바로 본론으로 들어갔다.

"나는 당신이 이 팀에 맞지 않는다고 생각합니다. 그리고 당신도 이곳에 남고 싶어 하지 않는다고 생각합니다. 내가 무슨 얘기를 하고 있는지 알죠?"

마이키는 정말 충격을 받은 것 같았다. 캐서린으로서는 전혀 생각지 못했던 상황이었다.

'역시 이런 일이 닥쳐오리라는 걸 그녀에게 미리 귀띔해둬야 했어.'

캐서린은 속으로 자책했다.

마이키는 캐서린의 말을 믿을 수 없었다.

"나라고요? 지금 농담하시는 거죠? 이 팀에 있는 사람들 중에서 당신이 퇴출을 생각하는 사람이 나라니……."

그녀는 말끝을 흐리며 캐서린을 바라봤다.

"정말 나라고요?"

이상하게도 캐서린은 문제가 수면 위로 떠오르고 나자 오히려 마음이 편해졌다. 오랜 직장생활 동안 그녀는 지금처럼 충격에 휩싸여 딱딱하게 굳은 채 멍하게 서 있는 임원을 여러 명 상대해봤다. 그러나 마이키는 보통의 임원들보다 훨씬 더 영리했다.

"이유가 뭐죠?"

캐서린은 침착하게 설명했다.

"마이키, 당신은 동료들을 존중하지 않을뿐더러 그들에게 마음을 열려고 하지 않아요. 회의 시간 중에 당신은 사람들을 너무나 화나고 힘 빠지게 만들고 있어요. 거기엔 나도 포함됩니다."

캐서린은 자신이 댄 이유가 모두 부인할 수 없는 사실임을 확신하고 있었지만, 이런 황당한 상황에 갑자기 처하게 된 사람에게는 지금 언급한 죄과들이 얼마든지 가볍게 들릴 수 있다는 사실을 깨달았다.

"당신은 내가 동료들을 존중하지 않는 것이 문제라고 생각하지만 진짜 문제는 그들이 날 존중하지 않는다는 겁니다."

마이키는 엉겁결에 내뱉은 말 속에서 스스로 잘못을 인정했다는 것을 깨달았다. 약간 맥이 풀린 그녀는 자기가 이미 입 밖에 낸 말의 의미를 분명히 하려고 노력했다.

"그들은 나의 전문성을 인정하지 않아요. 또 나의 경험도 말이에요. 그리고 분명 그들은 소프트웨어란 어떻게 홍보하는 것인지도 이해하지 못하죠."

캐서린은 조용히 듣고만 있었다. 마이키가 내뱉는 한마디 한마디를 통해서 자신의 결정이 옳았다는 확신이 점점 커져갔다. 그런 캐서린의 마음을 눈치챈 마이키는 좀 더 침착하게, 그러나 부인할 수 없는 지독한 독설로 캐서린을 공격했다.

"캐서린, 내가 이 팀을 떠나는 것에 대해 이사회가 어떻게 반응할 거라고 생각하죠? 그러면 당신은 한 달 만에 영업 책임자와 마케팅 책임자를 잃게 되는 셈이로군요. 만일 내가 당신이라면 그 자리가 꽤나 걱정될 것 같은데요."

"걱정해줘서 고마워요, 마이키."

캐서린의 대답에서 다소 냉소적인 기미가 엿보였다.

"그러나 내 임무가 이사회와의 마찰을 피하는 건 아니에요. 내 임무는 이 회사를 잘 돌아가게 만들 수 있는 임원 팀을 구축하는 것입니다."

이제 그녀는 동정 어린 어조로 말투를 바꾸었다.

"그리고 나는 단지 당신이 이 팀의 일원이고 싶어 하지 않는다고 생각하는 것뿐입니다."

마이키는 크게 숨을 내뱉었다.

"당신은 이 팀에서 나를 내쫓는 것이 정말로 이 회사에 도움이 될 거라고 생각하나요?"

캐서린은 고개를 끄덕였다.

"그래요, 나는 그렇게 생각해요. 그리고 솔직히 나는 그것이 당신에게도 도움이 될 거라고 믿어요."

"당신이 그걸 어떻게 알죠?"

캐서린은 되도록이면 진실되고 다정한 모습을 보이기로 결심했다.

"글쎄요, 난 당신의 스타일과 재능을 제대로 인정해주는 회사를 당신이 곧 찾을 수 있을 거라고 생각합니다."

캐서린은 다음 얘기는 될 수 있으면 입 밖에 내고 싶지 않았다. 그러나 마저 들려주는 것이 마이키에게 도움이 될 것이라고 판단했다.

"그러나 만일 당신이 스스로를 돌아보지 않는다면 그게 그렇게 쉽지는 않을 겁니다."

"그게 무슨 뜻이죠?"

"당신의 태도는 받아들이기 어려울 때가 있어요. 어쩌면 디시전테크가 문제라서 그런 건지도 모르지만……."

캐서린의 말을 마이키가 가로막고 나섰다.

"그건 확실히 디시전테크가 문제라서 그럴 겁니다. 다른 회사에서는 이런 문제를 겪어본 적이 없거든요."

캐서린은 그 말이 사실이 아닐 거라고 확신했지만 이미 궁지에 몰린 사람을 더 몰아붙이지 않기로 결심했다.

"그렇다면 확실히 다른 회사로 가는 편이 낫겠군요."

마이키는 앞쪽에 놓여 있는 회의 테이블을 응시했다. 캐서린은 그녀가 이제 현실을 받아들이려 한다고 느꼈다. 그러나 캐서린의 예상은 빗나갔다.

떠나다

마이키는 생각을 정리하고 싶다면서 잠깐 자리를 비웠다. 몇 분
후 돌아온 그녀는 조금 전보다 더 감정이 상한 것 같았고 훨씬 더
결연해 보였다.

"좋아요. 첫째, 나는 절대로 사직하지 않을 겁니다. 나를 내보내
려면 해고해야 할 겁니다. 그리고 내 남편이 변호사니까 나를 상
대로 재판을 하려면 단단히 각오해야 할 겁니다."

캐서린은 전혀 동요하지 않았다. 오히려 최대한 성실하게 대해
주었다.

"나는 당신을 해고하지 않을 겁니다. 그리고 당신도 떠날 필요
가 없어요."

마이키는 혼란에 빠졌다. 캐서린은 상황을 다시 명확하게 설명해주었다.

"그러나 당신의 태도는 완전히 바뀌어야 합니다. 그것도 아주 빨리요."

캐서린은 자기가 무슨 말을 하고 있는지 마이키에게 생각할 시간을 주기 위해 잠시 말을 끊었다.

"그리고 솔직히 말해서 나는 당신이 그런 변화를 기꺼이 감수할 생각이 있을지 확신할 수가 없군요."

마이키는 그런 변화를 수용할 의사가 없다는 것을 얼굴에 분명히 드러냈다. 그런데 그녀는 자신을 옹호하고 나섰다.

"내 행동이 여기서 큰 문제가 된다고 생각하지 않는데요."

캐서린은 말했다.

"분명히 그게 유일한 이유는 아니지만 매우 심각한 문제인 것만은 틀림없습니다. 당신은 자기 부서 바깥의 영역에는 철저하게 무관심할뿐더러 동료들의 비판을 전혀 수용하지 않아요. 또 넘지 말아야 할 선을 넘어섰을 때도 당신은 사과하는 법이 없어요."

"내가 언제 선을 넘었다는 거죠?"

마이키가 물었다. 캐서린은 마이키가 시치미를 떼고 있는 것인지, 아니면 진짜로 사회적 자각 능력이 없는 것인지 판단할 수 없었다. 어느 쪽이든 캐서린은 그녀에게 분명히 그러나 차분하게 얘기해줄 필요가 있었다.

"어디서부터 얘기를 시작해야 할지 모르겠군요. 당신은 끊임없이 누군가를 노려봅니다. 또 마틴에게 '개차반'이라는 무례한 발언도 했어요. 영업 문제가 회사의 최우선 과제인데도 영업사원 연수에 참석하는 일에는 관심도 없어요. 나는 이 모든 일들이 지켜야 할 선을 상당히 넘어선 행동이라고 생각합니다."

마이키는 당혹스러운 듯 아무 말도 없이 앉아 있었다. 적나라한 증거들 앞에서 그녀는 아무 말도 할 수가 없었다. 그래도 마이키는 패배를 시인하기 전에 마지막 저항을 했다.

"나는 사람들이 나에게 불평해대는 소리를 듣는 것이 지긋지긋해요. 그리고 나 또한 이렇게 손발이 맞지 않는 팀의 비위를 맞추기 위해 내 행동방식을 바꿀 의사는 추호도 없습니다. 그러나 이렇게 얘기했다고 해서 당신이 일처리를 쉽게 할 수 있게 해주고 떠날 생각은 없어요. 이건 그냥 원칙이 그렇다는 얘기일 뿐이죠."

캐서린은 여전히 자신감에 차 있었다.

"무슨 원칙이죠?"

마이키는 구체적인 답변이 떠오르지 않았다. 그녀는 머리를 흔들며 차가운 눈빛으로 캐서린을 쏘아볼 뿐이었다.

1분이 지나도록 캐서린은 침묵을 깨뜨리지 않고 가만히 있었다. 그녀는 마이키가 차분하게 스스로를 돌아봄으로써 자신의 주장이 공허한 것임을 깨닫게 되기를 바랐다. 마침내 마이키가 입을 열었다.

"석 달치의 퇴직 수당을 원하고, 나의 모든 스톡옵션은 그대로 유지되어야 하며, 공식적으로는 내가 스스로의 의사에 따라 사직한 것으로 발표되었으면 좋겠습니다."

캐서린은 마이키가 원하는 것을 모두 해줄 수 있어서 기뻤다. 아니, 안심이 되었다. 그러나 지금 당장은 이렇게 말하는 편이 더 낫다는 것을 알고 있었다.

"모두 가능할지는 확실히 모르겠지만 어쨌든 해주도록 노력할게요."

몇 초간 어색한 침묵이 흘렀다.

"좋아요, 그럼 내가 지금 당장 떠나야 하나요? 내 말은 저녁식사 시간까지 남아서도 안 되느냐는 거예요."

캐서린은 고개를 끄덕였다.

"다음 주에 사무실로 짐을 챙기러 오세요. 그리고 HR 담당자를 만나서 당신의 짐을 어떻게 옮길 것인지 의논하세요. 당신이 원하는 대로 해주도록 어떻게든 힘써볼게요."

"당신도 저 사람들이 엉망진창이라는 걸 알고 있죠?"

마이키는 어떻게든 캐서린을 괴롭히려고 했다.

"내 얘기는 당신에게 이젠 영업이나 마케팅을 담당할 사람이 남아 있지 않다는 뜻이에요. 그리고 이 일로 인해 나의 부서 직원 가운데 몇 명을 잃게 되더라도 너무 놀라지 말아야 할 겁니다."

그러나 캐서린은 이전에도 이런 상황을 수도 없이 겪어보았다.

그리고 그녀는 마이키의 직원들과 이미 충분한 대화를 나누었고, 그 결과 그들 역시 자신의 직속상관에게서 똑같은 결점을 보아왔다는 사실을 알고 있었다. 그래도 캐서린은 조금은 걱정하는 듯 행동하는 것이 도리라고 생각했다.

"그런 일이 생긴다면 당신 말의 의미를 이해하게 되겠죠. 나는 다만 그런 일이 일어나지 않기를 바랄 뿐입니다."

마이키는 다시 한번 머리를 가로저었다. 마치 또 다른 독설을 퍼부으려고 하는 것 같았다. 그러나 곧 체념한 듯 노트북 가방을 챙겨 회의실을 떠났다.

의외의 반응

캐서린은 나머지 휴식시간을 포도밭을 산책하면서 보냈다. 워크숍이 다시 시작되었을 때 그녀는 기분이 상쾌해진 상태였다. 그러나 앞으로 일어날 일에 대해서는 전혀 대비가 되어 있지 않았다.

캐서린이 조금 전에 있었던 얘기를 꺼내기도 전에 닉이 먼저 물었다.

"마이키는 어디에 있죠?"

캐서린은 별것 아니라는 태도로 그 소식을 전하는 것은 옳지 않다고 판단했다. 그녀는 사뭇 비장한 어조로 대답했다.

"마이키는 돌아오지 않을 겁니다. 그녀는 조금 전 회사를 떠났습니다."

사람들의 얼굴은 놀란 표정이 역력했다.

"어떻게 그렇게 되었죠??"

얀이 물었다.

"지금부터 말할 내용은 직장을 떠나는 직원들과 관련된 법적인 문제가 있으므로 기밀을 유지해야 합니다."

모두가 고개를 끄덕이자 캐서린은 솔직하게 말했다.

"마이키의 행동은 팀에 해를 끼쳐왔고, 나는 그녀가 스스로 행동을 고치지 않을 거라고 생각했어요. 그래서 그녀에게 회사를 떠나달라고 요청했습니다."

아무도 말을 하지 않았다. 그들은 단지 서로의 얼굴과 아직 테이블 위에 놓여 있는 마이키의 제품 소개 책자만을 쳐다볼 뿐이었다.

마침내 카를로스가 입을 열었다.

"무슨 말을 어떻게 해야 할지 모르겠군요. 마이키는 그 점을 어떻게 받아들였나요? 마케팅 쪽은 이제 어떻게 되는 거죠?"

닉이 질문의 수를 늘려주었다.

"직원들에게는 뭐라고 말할 겁니까? 언론에는요?"

캐서린은 그들의 반응에 놀라기는 했지만 한 가지 질문에는 재빨리 대답해주었다.

"마이키가 어떻게 반응했는지에 관해서는 길게 얘기하고 싶지 않습니다. 그녀는 좀 놀랐고 화도 냈지만 그 두 가지 반응 모두 이런 경우에 일반적으로 볼 수 있는 수준이었습니다."

사람들은 캐서린이 다른 문제에 관해서도 뭔가 말해주기를 기다렸다. 그녀는 말을 이었다.

"마케팅 쪽 업무가 시급하므로 곧바로 신임 부사장 물색 작업에 들어갈 겁니다. 그러나 우리 조직에도 능력 있는 사람들이 많이 있습니다. 새로운 인물이 발탁될 때까지는 그들 중 한 명을 임시로 승진시켜 대행 체제로 업무를 진행하도록 할 겁니다. 그 점에 관해서는 전혀 걱정할 필요가 없습니다."

모두 수긍하는 분위기였다.

"그리고 직원들과 언론에는 그냥 마이키가 떠났다고 말해야 합니다. 그 문제에 관해서는 우리가 달리 행동할 수 있는 여지가 많지 않습니다. 아주 민감한 정보가 될 수 있기 때문입니다. 그러나 나는 그 얘기를 듣고 혹시 터져 나올지 모르는 사람들의 반발과 우려를 두려워할 이유는 없다고 생각합니다. 우리가 힘을 합쳐 커다란 발전을 이룩한다면 직원과 언론 양쪽 다 아무런 문제가 없을 겁니다. 그리고 내 생각엔 대부분의 사람들이, 특히 직원들의 경우에는 그렇게 놀라지 않을 것 같습니다."

캐서린의 태도는 확신에 차 있었고, 그녀의 주장은 무척 논리적으로 들렸지만 회의실 분위기는 계속 가라앉았다. 캐서린은 이제 현실적인 업무로 논의의 초점을 돌려야겠다고 생각했다. 그러나 캐서린은 아직 마이키 건을 사람들 사이에서 잠재우려면 얼마나 많은 노력이 필요할지에 대해서는 깨닫지 못하고 있었다.

캐서린의 고백

××××

남은 저녁시간부터 다음 날 오후까지 임원들은 회사업무와 관련된 세부 항목에 논의를 집중했다. 그 중에서도 특히 주의를 기울인 분야는 영업 쪽이었다. 그들의 작업에 많은 진척이 있었던 것은 분명했지만 캐서린은 마이키의 사직으로 전반적인 분위기가 가라앉아 있음을 부인할 수 없었다. 그녀는 위험을 무릅쓰고 정면 돌파하기로 결심했다.

점심식사가 끝났을 때, 캐서린은 사람들에게 말을 꺼냈다.

"나는 지금 저 구석에 웅크리고 앉아 있는 코끼리 한 마리를 처리하고 싶어요. 우선 마이키가 떠난 것에 대해 여러분이 어떻게 생각하는지 듣고 싶습니다. 다음 주 직원들 앞에서 이 일을 설명하기 전에 우리가 이 문제를 한 팀으로서 대처하고 있다는 사실을 분명히 할 필요가 있기 때문입니다."

그녀에게는 언제나 놀라운 일이었지만, 사람들은 심지어 가장 못된 직원이 나간 경우에도 비탄과 회의감을 보이곤 한다는 사실을 경험을 통해 알고 있었다.

임원들은 누가 먼저 입을 열 것인지 눈치를 보며 서로의 얼굴을 쳐다보았다. 닉이 시작했다.

"저는 우리가 또 다른 임원을 잃지나 않을까 걱정이 됩니다."

캐서린은 그의 우려를 이해한다는 듯 고개를 끄덕였다. 그러나 실제로는 이렇게 말하고 싶었다.

'마이키는 이 팀의 구성원이었던 적이 없어요!'

얀이 덧붙였다.

"나도 그녀가 까다로운 사람이라는 것은 잘 알지만 마이키의 업무 능력은 훌륭했어요. 그리고 마케팅 문제는 이 시점에서 매우 중요합니다. 어쩌면 그냥 참고 그녀를 붙잡아두는 편이 더 나았을지도 모릅니다."

캐서린은 자신은 계속 듣고 있겠다는 의사를 나타내며 고개를 끄덕였다.

"또 다른 사람은요?"

마틴이 엉거주춤 손을 들었다. 그가 별로 달갑지 않은 얘기를 꺼내려고 한다는 것을 짐작할 수 있었다.

"저는 그저 누구를 후임으로 정할 것인지 그게 궁금할 뿐입니다."

캐서린은 답변을 하기 전에 잠시 화제를 돌렸다.

"잠깐 내 개인적인 이야기를 하나 해볼까 합니다. 그렇게 자랑할 만한 것은 아니지만요."

캐서린의 말에 모든 사람이 집중했다. 캐서린은 미간을 찌푸렸다. 사실 지금 꺼내려는 이야기가 남들에게는 그다지 하고 싶지 않은 이야기였기 때문이다.

"대학원 마지막 학기를 다닐 때 샌프란시스코의 잘 알려진 한 소매회사에서 계약직 관리자 자리를 얻게 되었습니다. 거기서 나는 작은 재무 분석 부서를 운영했죠. 그 자리가 나의 실질적인 첫 번째 관리직이었습니다. 그리고 졸업 후에는 그 회사와 정식으로 입사 계약을 맺고 싶었습니다."

대중 연설가로서는 능력이 부족하다고 고백하기도 했던 캐서린이었지만 이야기를 늘어놓는 솜씨가 꽤 있었다.

"나는 아주 훌륭한 부서 직원들을 맡게 되었습니다. 그들 모두 열심히 일했는데, 특히 한 친구가 눈에 띄었죠. 그 친구는 다른 사람에 비해 더 많은 보고서를 더 훌륭하게 척척 만들어냈습니다. 여기선 그를 '프레드'라고 부를게요. 프레드는 내가 어떤 과제를 주어도 다 해냈습니다. 그래서 내가 가장 신뢰하는 직원이 되었지요."

"제발 나도 한번 겪어보고 싶은 문제처럼 들리는군요."

닉이 말했다. 그러나 캐서린은 사람들을 놀라게 만들었다.

"아직 이야기는 끝나지 않았습니다. 부서에 있는 사람들 중 누구도 프레드를 견디지 못했거든요. 그리고 솔직히 말해서 그는 나까지도 화나게 만들었습니다. 프레드는 힘들게 일하는 동료들을 전혀 도와주지 않았습니다. 그리고 자신이 얼마나 업무 능력이 뛰어난지 모든 사람들이 다 알고 있다고 확신했습니다. 분명 그것은 부인할 수 없는 사실이었죠. 그 친구를 싫어하는 사람들도 그 사실은 부정할 수 없었습니다. 어쨌든 직원들은 나를 찾아와 프레드에 대해 불만을 털어놓았습니다. 나는 그들의 이야기를 주의 깊게 들었고 가끔은 프레드에게 그런 행동을 고치라고 냉정하게 충고도 했어요. 하지만 대체로 나는 직원들의 항의를 무시했습니다. 왜냐하면 그들이 프레드의 능력을 질투하는 것이라고 생각했기 때문입니다. 무엇보다 중요한 것은, 나는 우리 부서 최고의 직원을 감히 꾸짖으려고 하지 않았던 것입니다."

사람들은 당시 캐서린의 행동에 공감하는 것 같았다.

캐서린은 말을 이었다.

"마침내 부서의 실적이 하향곡선을 그리기 시작했습니다. 그래서 나는 프레드에게 더욱 많은 일을 주었죠. 그 친구는 불만을 토로하기도 했지만 그럭저럭 모든 일을 다 처리해냈습니다. 나는 프레드가 우리 부서를 이끌어가고 있다고 생각했습니다. 그리고 그와 동시에 부서의 사기는 훨씬 빠르게 악화되기 시작했습니다. 우리의 실적이 미끄러진 것은 말할 것도 없고요. 다시 한번 여러 명의 직원이 나에게 프레드에 대한 불만을 터뜨렸습니다. 내가 생각했던 것보다 훨씬 더 많이 프레드가 팀 내에서 문제를 일으키고 있다는 사실을 알게 되었죠. 밤잠을 못 이루며 하룻밤을 지새운 나는 직장생활을 시작한 이래 첫 번째 중대한 결정을 내리게 되었습니다."

제프가 말했다.

"그를 해고했군요."

캐서린은 조금 쑥스러운 듯한 표정으로 미소를 지었다.

"아니요. 그를 승진시켰습니다."

테이블을 둘러싼 사람들이 놀라운 표정을 지었다. 캐서린은 고개를 끄덕였다.

"맞아요, 프레드는 경영 간부로서 내가 처음으로 선택한 승진자였어요. 2주 후, 7명의 부하 직원 중 3명이 그만두었고, 부서는 완전한 혼돈에 빠져버렸죠. 업무는 완전히 뒷전으로 밀려나버리고 말았습니다. 그러자 상사가 나를 불러서 무슨 일이 있었는지 물었고, 나는 프레드와 관련된 상황을 설명했습니다. 그리고 내가 어떻게 다른 부하 직원들을 잃었는지도 말했습니다. 다음 날 상사는 중대한 결정을 내렸습니다."

제프가 다시 추측했다.

"당신의 상사가 그 친구를 해고했군요."

캐서린은 쓴웃음을 지어 보였다.

"비슷했지만 아니에요. 그는 나를 해고했어요."

임원들은 또 한 번 깜짝 놀랐다. 얀이 물었다.

"하지만 회사가 계약직 관리자를 해고하는 경우는 보통 없는 걸로 알고 있는데요."

캐서린은 갑자기 다소 빈정거리는 태도를 보였다.

"좋습니다. 그럼 회사에선 더 이상 내게 일을 주지 않았고, 그런 다음 나와의 재계약에 전혀 관심을 보이지 않았다고 말하면 될까요?"

닉과 마틴은 소리 내서 웃지 않으려고 애쓰면서 만면에 미소를 지었다. 캐서린은 그들이 생각하고 있는 바를 명확하게 표현했다.

"나는 분명히 해고당했어요."

회의실 안의 모든 사람들이 웃음을 터뜨렸다.

"프레드는 어떻게 되었죠?

제프가 물었다.

"몇 주 후에 회사를 그만두었다는 얘기를 들었어요. 그리고 회사는 부서를 이끌 새로운 사람을 뽑았습니다. 프레드가 떠나고 한 달 만에 부서 실적은 극적으로 개선되었습니다. 전보다 세 명이나 적은 직원으로 말이죠."

"당신은 지금 프레드의 행동 하나만으로 그 팀의 생산량이 절반이나 손상되었다고 말하고 있는 건가요?"

"아니요. 프레드의 행동 때문이 아니에요."

사람들은 혼란에 빠졌다.

"내가 그의 행동을 묵인했기 때문이에요. 결국 회사는 사람을 제대로 해고시킨 거지요."

아무도 말이 없었다. 사람들은 그의 상관이 겪었던 고통을 함께 느끼고 있는 것 같았다. 그리고 캐서린의 일화와 어제 일어났던 일 사이에는 분명한 연관성이 있다고 생각하는 것 같았다.

잠시 후 캐서린은 자신이 전하고자 하는 이야기를 마무리 지었다.

"나는 여러분 중에 어느 한 사람도 잃고 싶지 않습니다. 그리고 그것이 바로 내가 어제의 일을 감행했던 이유입니다."

그 순간 회의실에 있는 모든 사람들은 그녀의 마음을 이해했다.

회복

회사로 돌아온 캐서린은 전 직원이 참석하는 전체 회의를 열고 마이키의 사직과 그 밖에 회사의 다른 문젯거리들을 논의했다. 캐서린의 태도는 적절했고 품위도 넘쳤지만, 그 소식은 직원들 사이에서 예상보다 큰 파장을 불러일으켰다.

임원들은 대체로 그런 반응의 원인이 특별히 마이키를 잃었다는 것에 있다기보다 퇴사라는 극단적인 결과가 갖는 상징적 의미와 더욱 큰 관련이 있을 것이라고 생각했다. 하지만 어찌 되었든 마이키의 퇴사로 팀의 열정이 다소 사그라진 것은 사실이었다.

그래서 다음 날 임원 회의에서 캐서린은 사람들과 함께 한 시간이 넘도록 마케팅 책임자의 빈자리를 어떻게 메울 것인지 토론했다. 마이키의 직원 중에서 한 명을 승진시키느냐 마느냐를 놓고 열띤 논쟁을 벌인 후 캐서린이 지루한 줄다리기에 종지부를 찍으려고 앞으로 나섰다.

"잘 들었습니다. 아주 훌륭한 토론이었어요. 그리고 내 생각엔 모든 사람의 얘기를 다 들어본 것 같군요. 누구 더 할 얘기 있어요?"

아무도 말이 없었다. 캐서린은 계속했다.

"나는 부서를 키울 수 있고 브랜드 개발에도 아주 뛰어난 사람을 찾아야 한다고 생각합니다. 나도 내부에서 승진시키는 것을 무척 선호하는 사람이지만, 지금 당장은 그런 일을 할 만한 적합한 사람이 부서 내에서 보이지 않는군요. 그렇기 때문에 나는 우리가 새로운 마케팅 부사장감을 밖에서 찾아야 한다고 생각합니다."

모두 고개를 끄덕였다. 조금 전까지만 해도 외부 인사의 채용을 반대했던 사람들도 동의하는 것 같았다.

"나는 여러분에게 우리가 적임자를 곧 찾게 될 것이라고 확실히 말할 수 있습니다. 그 말은 여기에 있는 모든 사람들이 함께 후보자를 물색하고 함께 검증해야 한다는 것을 의미합니다. 그뿐 아니라 서로의 신뢰를 증명할 수 있고, 충돌에 기꺼이 뛰어들 수 있으며, 개인적인 성취보다는 한 팀으로서 이룬 결과를 소중히 할 줄 아는 사람을 찾아내라는 압박을 받게 되리라는 것을 의미합니다."

캐서린은 임원들이 자신의 이론을 알기 시작했을 것이라고 확신했다. 새로운 부사장을 찾는 업무를 제프가 총괄하도록 지시한 다음, 캐서린은 영업 관련 주제로 넘어갔다.

닉은 몇 가지 주요 현안과 관련해 어느 정도 진전이 있었다고 보고했다. 그리고 국내의 몇 군데 지역은 아직도 악전고투하고 있다고 보고했다.

"제 생각에는 현장에 더 많은 지원이 필요할 것 같습니다."

얀은 닉이 더 많은 자금을 요청하고 있다는 것을 알았다. 그래서 그의 생각을 신속하게 차단하고자 했다.

"나는 거기에 더 많은 비용을 보태고 싶지 않아요. 왜냐하면 그건 오로지 당신 부서 쪽의 예산 할당만 높이는 결과가 될 테니까요. 우리 모두가 여기서 죽음의 소용돌이에 휘말리고 싶지는 않습니다."

닉은 힘겹게 숨을 들이마신 다음 잔뜩 화가 난 표정으로 고개를 가로저었다. 마치 '당신이 또 나서는군'이라고 말하는 것 같았다. 회의가 어떻게 진행되고 있는 건지 다른 사람이 채 파악하기도 전에, 닉과 얀은 눈을 치켜뜨고 책상을 두드려가며 서로를 설득하려고 노력했다. 그리고 나머지 사람들은 그들이 그런 식으로 문제에 접근하는 방식이 옳다고 생각했다.

치열한 전투가 잠시 소강상태를 보이는 동안, 얀이 절망감에 빠진 채 의자에 몸을 파묻으며 이렇게 외쳤다.

"도대체 변한 거라곤 아무것도 없군. 어쩌면 문제는 마이키가 아니었는지도 몰라."

그 발언은 사람들의 정신을 번쩍 들게 했다.

캐서린이 미소를 지으며 끼어들었다.

"진정해요, 내가 보기엔 지금 잘못된 일은 하나도 없어요. 이건 우리가 지난 한 달 동안 얘기해왔던 바로 그런 종류의 충돌이에요. 완벽해요."

얀은 자신의 입장을 설명하려고 했다.

"나는 지금 상황이 그렇게 생각되지 않습니다. 이건 꼭 싸우는 것처럼 느껴져요."

"맞아요, 당신들은 '싸우고' 있어요. 그러나 문제를 놓고 싸우는 거죠. 그건 당신들의 업무예요. 그렇지 않다면 당신들은 직원들에게 그 문제를 떠넘기고 그들에게 풀 수도 없는 문제를 해결하라고 하겠죠. 하지만 직원들은 임원들이 그런 어려운 문제를 해결해줌으로써 보다 확실한 지침이 나오기를 기대하고 있어요."

얀은 지친 것 같았다.

"나도 이 일이 그럴 만한 가치가 있었으면 좋겠습니다."

캐서린은 다시 미소를 지었다.

"나를 믿어요. 이번 논쟁은 당신이 생각하는 것보다 훨씬 다양한 방식으로 충분한 가치를 발휘하게 될 테니까요."

다음 2주 동안, 캐서린은 이전보다 훨씬 거세게 팀을 몰아붙이기 시작했다. 그녀는 회의 중에 잘난 척을 한 마틴을 향해 신뢰를 손상시킨다며 엄하게 나무랐다. 또 고객 서비스와 관련해서 팀이 민감하게 반응하지 않고 있는 문제점을 직시하도록 카를로스를 닦달했다. 그리고 그녀는 예산 배정 문제를 놓고 벌어질 수밖에 없었던 한바탕 전쟁을 치르기 위해 얀과 닉을 대동하고 밤늦게까지 사무실의 불을 밝혔다.

그러나 캐서린이 어떤 일을 지시했는가보다 더 중요한 것은 그럴 때 사람들이 어떻게 반응했느냐이다. 어느 한순간만 보면 꼭 저항하는 것처럼 보일 수도 있지만, 실제로는 아무도 캐서린이 지시한 일을 왜 해야 하는지 의문을 제기하지 않았다.

'공동의 목표'라는 진정한 의미가 살아나는 것 같았다.

캐서린의 마음속에 남아 있는 유일한 의문은 모든 사람이 성과를 확인할 수 있을 만큼 충분한 기간 동안 이런 분위기를 계속 유지할 수 있겠느냐는 것이었다.

CHAPTER 04

함께 전진하다

**THE FIVE
DYSFUNCTIONS OF
A TEAM**

마지막 워크숍

마지막 나파 워크숍의 분위기는 이전과는 사뭇 달랐다. 그러나 캐서린은 여전히 같은 개회사로 워크숍의 시작을 알렸다.

"우리는 경쟁사보다 뛰어난 임원진을 구성하고 있으며, 많은 자금을 확보하고 있고, 마틴과 그의 팀 덕분에 앞선 기술력을 보유하고 있습니다. 그러나 이 모든 장점에도 불구하고 수익과 고객성장률 면에서 경쟁사 두 곳에 뒤처져 있습니다. 그리고 나는 우리 모두가 그 이유를 알고 있다고 생각합니다."

닉이 손을 들었다.

"캐서린, 이제 그 이야기는 그만했으면 좋겠습니다."

한 달 전이었다면 그의 퉁명스러운 반응에 모두들 당황했을 테지만 지금은 모두 태평스러운 얼굴로 앉아 있었다.

"그건 왜죠?"

캐서린의 질문에 닉은 얼굴을 찌푸리며 적당한 말을 찾으려고 애썼다.

"제 생각에 그런 말은 몇 주 전에나 들어맞았던 얘기가 아닐까 싶어서요. 그때 사실 우리는 너무나 많은……."

굳이 끝까지 듣지 않아도 닉이 무슨 말을 하는지 충분히 알 수 있었다. 캐서린은 되도록이면 부드럽게 말했다.

"나는 이 말이 더 이상 사실이 아닐 때 그만하겠어요. 우리는 아직도 경쟁사 두 곳에 뒤지고 있어요. 그리고 우리는 반드시 그래야 하는 곳에서 팀으로 움직이고 있지 않아요."

캐서린은 말을 이었다.

"그러나 우리가 아직 본궤도에 오르지 못했다는 건 아닙니다. 사실 오늘은 한 걸음 뒤로 물러서서 우리가 팀으로서 어디까지 와 있는지 진단해보고자 합니다."

캐서린은 화이트보드 쪽으로 걸어가 삼각형을 그렸다. 그리고 삼각형 안에 팀이 빠지기 쉬운 다섯 가지 함정을 적었다.

그녀는 임원들을 바라보며 물었다.

"요즘 우리는 어떻습니까?'

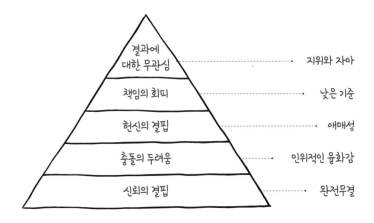

임원들은 삼각형을 바라보며 생각에 잠겼다. 잠시 시간이 흐른 후, 제프가 먼저 입을 열었다.

"우리는 확실히 한 달 전보다는 서로를 신뢰합니다."

모두 고개를 끄덕였다.

"그렇다고 이제 더 이상 노력할 필요가 없다고 말하는 건 성급한 판단이라고 생각합니다."

얀이 거들었다.

"그리고 우리는 충돌이 생겼을 때도 훨씬 잘 대처하고 있습니다. 물론 아직은 충돌에 완전히 익숙해졌다고 말할 수는 없지만요."

캐서린이 얀을 격려했다.

"나는 그 누구도 충돌에 완벽하게 익숙해질 수는 없다고 생각합니다. 충돌이 불편하지 않다면 그건 거짓말이겠죠. 중요한 건 그렇게 계속 충돌하는 겁니다."

얀이 고개를 끄덕였다.

이번에는 닉이었다.

"우리는 목표 달성에 전보다 훨씬 더 전념하고 있습니다. 따라서 헌신에 대한 부분도 문제가 될 것은 없습니다. 하지만 그다음 항목인 책임감이 저를 가장 걱정스럽게 만드는군요."

"그건 왜죠?"

제프가 물었다.

"왜냐하면 누군가 맡은 바 역할을 다하지 못하거나 팀의 이익에 반하는 행동을 했을 때 정면으로 문제제기를 할 수 있을지 확실치가 않기 때문입니다."

"나는 그와 같은 행동을 한 사람의 면전에서 분명하게 문제를 제기할 것입니다."

그 말의 당사자가 다름 아닌 마틴이라는 사실에 모두 깜짝 놀랐다. 마틴은 말을 이었다.

"사태 해결을 위해 예전 방식으로 돌아간다는 건 용납할 수 없다고 생각합니다. 만약 '대인관계에서 다소 불편함'과 '회사 정책' 사이에서 선택해야 한다면 나는 기꺼이 불편한 쪽을 택할 생각입니다."

닉은 마틴의 변화에 미소를 지었다. 그리고 팀 모델에 관한 논의를 마무리지었다.

"결과에 대한 무관심 역시 발생할 것 같지는 않습니다. 이 회사를 제대로 굴러가게 만들지 못한다면, 우리 중 누구도 이 포도향 나는 나파밸리에서 빠져나가지 못할 테니까요."

캐서린은 임원들의 모습을 흐뭇한 마음으로 바라보았다. 그러나 그녀는 지나치게 부풀어 오른 분위기에서 거품을 빼야겠다고 판단했다.

"여러분의 이야기에 모두 동의합니다. 우리는 올바른 방향으로 가고 있어요. 그러나 나는 앞으로 남은 몇 달 동안 우리가 과연 발전할 수 있을지 의심스럽기도 하고, 좌절과 회의에 빠질 수밖에 없는 상황을 수없이 겪게 될 것이라고 생각합니다. 연말까지 세운 목표를 이루려면 변화를 위해 지금까지 해왔던 노력 이상으로 더 많은 노력과 시간이 필요할 겁니다."

사람들은 캐서린의 이야기에 수긍하는 것 같았다. 캐서린은 그들을 한 번 더 놀라게 할 필요가 있다고 생각했다.

"이런 이야기를 하는 이유는 우리가 아직 위험에서 완전히 벗어나지 못했기 때문입니다. 나는 현재 우리의 상태보다 훨씬 잘나갔던 조직도 결국 나가떨어지는 경우를 수도 없이 봐왔습니다. 따라서 우리는 지금 하고 있는 작업을 지속해나가기 위해 끊임없이 노력하고 훈련해야 합니다."

캐서린은 잘하고 있는 사람들에게 괜히 딴죽을 건 것 같아 기분이 별로 좋지 않았다. 하지만 조직이 함정에서 벗어나기 위한 과정에서 모든 팀이 마주치게 될 궂은 날씨에 미리 대비를 해두어야만 했다.

그리고 다음 이틀 동안 팀은 그런 날씨를 경험했다. 그들은 때로는 협력을 발휘해 똘똘 뭉쳐 일하다가도, 어느 순간에는 마치 사생결단을 내리려는 듯 핏대를 올리며 싸우기도 했다. 사람들은 내내 사업상의 문제를 놓고 씨름하며 문제마다 해결책을 찾아나갔다.

이상한 일이었지만, 전과 달리 그들은 팀워크의 개념에 대해서는 거의 토론하지 않았다. 캐서린은 그 모습이야말로 그들이 실질적인 발전을 이루어가고 있는 징조라고 해석했다. 휴식시간과 식사시간 동안 캐서린이 발견한 두 가지 사실이 그녀의 판단이 옳았음을 대변해주었다.

첫째, 팀원들은 휴식시간에 각자 따로 행동하지 않고 함께 숙소에 머무르며 어울렸다. 둘째, 그들은 어느 때보다 시끌벅적했다. 그리고 그 소란 속에서 가장 크고 자주 들리는 소리는 바로 웃음소리였다. 모든 일정이 끝나갈 무렵, 사람들은 녹초가 되었는데도 회사로 돌아가서 가질 후속 회의 일정을 맞추느라 분주한 모습들이었다.

변화

✕ ✕ ✕

마지막 사외 워크숍을 끝내고 3개월 후, 캐서린은 한적한 시골 호텔에서 이틀간의 일정으로 첫 번째 분기별 임원 회의를 소집했다. 조셉 찰스가 신임 마케팅 담당 부사장으로 합류한 지 일주일 만에 처음 갖는 회의였다.

캐서린은 누구도 예상치 못한 화제로 회의를 시작했다.

"지난 분기에 인수를 고려했던 '그린바나나'란 회사를 기억하십니까?"

모두 고개를 끄덕였다.

"아무래도 그 회사가 우리의 경쟁업체가 될 가능성이 있다고 했던 닉의 판단이 옳았던 것 같아요. 지금 우리 회사를 인수하고 싶어 한다는군요."

이사회에 참석했던 제프를 제외하고 모두가 충격을 받았다. 물론 닉이 받은 충격이 가장 컸다.

"저는 그들이 재정적으로 곤란한 상태라고 알고 있는데요."

닉의 말이었다.

"맞아요. 그런데 어디서 자금을 한 트럭 정도 끌어들인 모양이에요. 그리고 굶주렸던 사람들처럼 갑자기 뭔가가 사고 싶은가 보죠. 우리는 이미 제안서를 받은 상태입니다."

"어떤가요?"

얀이 물었다. 캐서린은 가져온 종이를 뒤적였다.

"현재 우리의 자산가치보다 조금 더 쳐줬군요. 어지간한 돈은 만질 수 있겠는데요."

얀이 재촉해 물었다.

"이사회에서는 뭐라고 합니까?"

제프가 대신 대답했다.

"이사회는 이 문제를 우리에게 일임했습니다."

아무도 말이 없었다. 그들은 나름대로 잠재적인 손익을 따져보고, 그 제안을 여러 유형의 맥락에서 생각해보려고 애쓰고 있는 것 같았다.

마침내 화가 난 듯한 영국 억양의 목소리가 침묵을 깼다.

"어림도 없습니다."

모두가 디시전테크의 수석 엔지니어를 향해 돌아앉았다. 마틴은 예전에는 들을 수 없었던 열정적인 목소리로 말했다.

"지금 하고 있는 모든 업무에서 손을 떼고 우리 회사를 설익은 과일 이름이나 달고 있는 회사에 넘겨준다는 건 말도 안 됩니다."

사람들은 웃음을 터뜨렸다.

얀은 그들이 좀 더 현실적인 태도를 취하게 해주었다.

"그렇다고 그 제안을 너무 성급하게 거절해서는 안 된다고 생각합니다. 사실 우리의 목표대로 된다는 보장도 없는 상황에서 그건 확실한 현금이 생기는 문제입니다."

제프가 CFO의 관점에 다음 말을 덧붙였다.

"이사회에서도 그 제안이 나쁘다고 생각하지는 않더군요."

마틴은 제프의 말을 믿지 않는 것 같았다.

"그런데 왜 우리에게 결정을 떠넘긴 겁니까?"

제프는 설명에 앞서 잠시 숨을 가다듬었다.

"왜냐하면 그들은 지금 우리 뱃속에 뭐가 들었는지 알고 싶기 때문입니다."

마틴이 얼굴을 찌푸렸다.

"뭐라고요?"

제프는 영국출신 동료에게 좀 더 명확하게 설명해 주었다.

"그들은 우리가 이곳에 남고 싶어 하는지 알고자 합니다. 회사에, 그리고 서로에게 진심으로 헌신할 생각이 있는지 알고 싶은 거죠."

조셉이 상황을 정리했다.

"그건 내시경 검사를 한번 해보자는 소리로 들리는데요."

카를로스가 회의를 시작한 후 처음으로 입을 열었다.

"난 반대에 표를 던지겠습니다."

다음은 제프였다.

"나도 그래요. 두말할 필요도 없습니다."

닉은 고개를 끄덕였다. 캐서린과 조셉도 마찬가지였다. 마틴이
얀을 쳐다보았다.

"당신은 뭐라고 말할 겁니까?"

그녀는 잠시 머뭇거렸다. 그러나 곧 단호하게 말했다.

"그린바나나? 지금 농담하는 건가요?"

모두 큰 소리로 웃음을 터뜨렸다.

캐서린은 재빨리 회의 분위기를 추슬렀다. 이 여세를 몰아 사업
문제를 논의하려는 의도였다.

"좋아요. 오늘 다뤄야 할 굵직한 과제들이 아주 많습니다. 그럼
시작하죠."

그 후 몇 시간 동안 사람들은 조셉에게 다섯 가지 함정에 대해
설명했다. 닉은 신뢰의 중요성을 이야기했고, 얀과 제프는 충돌과
헌신을 맡았다. 카를로스는 책임의 의미를 설명했고, 마틴이 결과
에 관한 이야기로 마무리를 지었다.

그런 다음 조셉의 성격유형 검사 결과를 발표하고, 조셉의 새로운 동료가 된 자신들이 각자 어떤 역할과 책임을 맡고 있는 설명해주었다. 자신들의 공동목표가 무엇인지에 관해 설명했음은 물론이다.

회의 도중 그들은 조셉이 그동안 경험해보지 못한 격렬한 논쟁을 벌였고 결국 명백한 합의를 도출해냈다. 논쟁이 아무리 치열해져도 그들에게서 다른 사람을 비꼬는 듯한 태도는 전혀 엿볼 수 없었다. 처음 함께한 조셉이 불편할 정도로 서로를 심하게 나무랐지만, 그럴 때마다 그들의 논의는 한 걸음씩 결론에 가까워졌다.

회의가 끝나갈 무렵, 조셉은 자신이 이전에 본 적 없는 가장 특이하고 강렬한 조직에 합류했음을 깨달았다. 그리고 자신 역시 그조직의 한 축을 적극적으로 담당해야겠다고 결심했다.

전진, 또 전진

그 후로 1년여간, 디시전테크는 영업실적 면에서 극적인 신장을 이루었다. 그리고 회사의 연간 목표를 단 3분기 만에 달성해냈다. 디시전테크는 업계 선두주자들과 거의 동등한 수준으로까지 성장했지만 업계 1위와는 아직 약간의 차가 있었다.

회사는 외적으로도 성장했지만 내부적으로도 직원 몇 명이 갑자기 회사를 떠나는 바람에 일시적으로 술렁거렸던 걸 제외하고는 이직률이 감소하고 직원들의 사기가 높아졌다.

흥미로운 사실은 그 일이 일어났을 때 이사회 의장이 나서서 캐서린을 위로해주었다는 점이다. 의장은 그녀가 이룬 성과에 비춰볼 때 그 정도의 일로 실망할 필요는 없다고 다독여주었다.

직원 수가 250명을 넘어서자, 캐서린은 지금이야말로 임원진을 정비해야 할 때라고 판단했다. 그녀는 회사가 커질수록 상층부에 있는 임원의 수는 줄어들어야 한다고 믿었다. 사실 영업과 인력개발 부서의 새로운 책임자가 충원되면서 임원진은 8명으로 늘었는데, 그 수는 혼자 감당하기에 벅찬 것이었다.

그 숫자는 단지 일주일을 내내 투자해도 임원들을 일대일로 만날 수 없음을 의미하는 것이 아니었다. 그것은 회의 테이블에 아홉 명이나 둘러앉아서는 깊이 있는 토론을 벌일 수 없음을 의미했다. 팀 구성원들이 보여주는 변화된 태도에도 불구하고, 문제가 겉으로 드러나는 건 단지 시간문제일 뿐이었다.

마지막 나파 워크숍 이후로 1년여의 시간이 흘렀을 때, 캐서린은 마침내 조직에 몇 가지 변화를 꾀하기로 결심했다. 그녀는 임원 모두에게 그 점을 세심하게, 그러나 확고히 설명했다.

닉은 다시 최고운영책임자가 되었다. 그는 자신의 노력으로 그 직함을 얻었다고 생각했다. 카를로스와 신임 영업 책임자는 닉에게 보고하게 되었으므로 더 이상 CEO의 직속 임원에 속하지 않게 되었다. 또한 인력개발부가 얀에게 보고하게 되면서 캐서린에게는 다섯 명의 임원들만 직속으로 남게 되었다. 최고기술경영자(CTO) 마틴, 최고재무관리자(CFO) 얀, 최고운영책임자(COO) 닉, 최고마케팅경영자(CMO) 조셉, 그리고 사업개발 담당 부사장 제프였다.

일주일 후, 캐서린은 이틀짜리 분기별 임원 회의를 또다시 개최했다. 회의를 시작하려는데 얀이 물었다.

"제프는 어디 있죠?"

캐서린은 사무적으로 대답했다.

"그게 바로 오늘 첫 번째로 말하려는 내용입니다. 제프는 더 이상 이 회의에 참석하지 않을 겁니다."

사람들은 모두 깜짝 놀랐다. 캐서린의 발표 내용도 그랬지만, 그녀의 무신경한 태도가 그들을 더 놀라게 했다.

얀이 모두가 생각하고 있는 질문을 던졌다.

"제프가 그만두었나요?"

오히려 캐서린이 그 질문에 약간 놀란 것 같았다.

"아닙니다."

그러자 마틴이 이어서 물었다.

"그럼 그를 해고한 건가요? 그건 아니죠? 그렇죠?"

비로소 캐서린은 그들이 무슨 생각을 하고 있는지 깨달았다.

"그럼요, 물론 아니에요. 내가 왜 제프를 해고하겠어요? 제프는 이제부터 닉에게 직접 보고할 겁니다. 그의 새로운 역할을 생각할 때 그 편이 낫겠다고 제프도 동의했습니다."

모두 안도했지만, 아직 약간 꺼림칙한 부분이 남아 있었다.

얀이 참지 못하고 말을 꺼냈다.

"캐서린, 저도 분명 그렇게 하는 게 의미 있으리란 건 알겠어요.

그리고 닉 역시 제프가 자신의 팀에 합류한 것을 좋아하리라 생각합니다."

닉이 고개를 끄덕였다.

"그러나 그가 실망했을 거라곤 생각하지 않나요? 제 얘기는 그러니까, 우리가 개인적 자아보다 공동의 목표를 중시하기로 한 건알지만, 그는 이사회의 일원이고 회사의 창립 발기인입니다. 이번결정이 그에게 어떤 의미로 다가올지 한번 생각해보셨나요?"

캐서린은 미소 지었다.

"그 결정은 제프의 생각이었어요."

그것이 제프 본인의 생각일 줄은 누구도 예상치 못한 일이었다. 캐서린은 말을 이었다.

"제프는 이 팀에 계속 머물고 싶기는 하지만 회사를 위해서는 닉의 팀으로 가는 것이 낫겠다고 말했어요. 그리고 사실 나는 그에게 결심을 바꿀 기회를 주었어요. 하지만 제프는 그렇게 하는것이 회사를 위해서나 팀을 위해서나 올바른 일이라고 끝까지 고집하더군요."

캐서린은 임원들이 전임 CEO에 대한 존경심을 마음껏 느낄 수있도록 말없이 기다렸다. 그리고 잠시 후 그녀는 말을 시작했다.

"지금 이 자리에서 우리에게 맡겨진 임무를 훌륭히 수행하는 것만이 제프는 물론 이 회사의 모든 사람들을 위한 당연한 의무라고생각합니다. 자, 이제 시작할까요?"

PART 02

이론

팀워크
부활의 법칙

함정에서 벗어나 팀워크 만들기

응집력 있는 팀을 만드는 것은 어렵지만 복잡하지는 않다. 사실 다국적 기업의 임원진 팀이든, 대규모 조직 내 작은 부서를 운영하든, 심지어 개선이 필요한 팀의 구성원에 불과할지라도 응집력 있는 팀을 만들어낼 수 있다. 팀워크란 몇 가지 원칙들을 오랜 기간에 걸쳐 꾸준히 실천할 수 있느냐의 문제로 귀착된다. 팀의 성공 여부는 잘 짜인 이론을 숙달하는 데 달려 있는 것이 아니라, 꾸준한 연습과 인내심을 가지고 이 원칙들을 실천에 옮기는 데 있다.

'5가지 함정'이란 무엇인가

나는 여러 명의 CEO 또는 여러 팀과 함께 일해본 경험을 통해 두 가지 매우 중요한 진리를 찾아냈다.

첫째, 대부분의 조직에서 진정한 팀워크를 발견하기란 어려운 일이다.

둘째, 대부분의 조직은 자신들도 모르는 사이에 5가지 함정에 빠져 있다. 그 때문에 팀워크를 이루지 못하는 것이다.

앞으로 살펴볼 5가지 함정은 서로 밀접하게 연결되어 있으며, 그 중 하나만 현실로 드러나도 팀을 위기에 빠뜨릴 수 있는 파괴력을 지니고 있다.

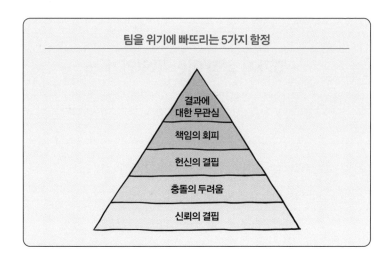

팀을 위기에 빠뜨리는 5가지 함정

결과에
대한 무관심

책임의 회피

헌신의 결핍

충돌의 두려움

신뢰의 결핍

첫 번째 함정: 신뢰의 결핍

신뢰의 결핍은 팀원들이 동료의 비판을 기꺼이 받아들일 준비가 되어 있지 않을 때 생긴다. 진심으로 서로에게 마음을 열고, 상대방의 실수와 약점을 이야기할 수 없는 팀의 구성원들은 신뢰의 기반을 쌓기가 쉽지 않기 때문이다.

두 번째 함정: 충돌의 두려움

신뢰 구축의 실패는 충돌의 두려움을 불러온다. 신뢰가 없는 팀은 상대방의 생각에 대해 거리낌 없이 비판을 하는 논쟁을 벌일 수 없기 때문이다. 그들은 솔직하지 못한 토론과 자기방어적인 수사법에만 의존하게 된다.

세 번째 함정: 헌신의 결핍

건전한 충돌의 결핍은 헌신의 결핍을 가져온다. 개방적이면서
도 치열한 충돌 속에서 서로의 의견을 조율하지 못한다면, 주어
진 결정사항을 진심으로 받아들여 매진하기 어렵기 때문이다.
물론 회의 중에 동의한다는 의사는 얼마든지 꾸며낼 수 있지만
말이다.

네 번째 함정: 책임의 회피

헌신을 다해 팀의 목표에 매진하지 않는 사람은, 자기 자신이
결과에 책임지지 않는 것은 물론이고 팀의 목표에 어긋나는 결
과를 불러일으킨 동료에게 책임을 추궁할 수 없게 된다.

다섯 번째 함정: 결과에 대한 무관심

서로에 대한 책임을 묻지 못한다면 다섯 번째 함정에 빠지게 된
다. 팀원들이 자신의 경력이나 대외 인지도 등 개인적 욕구를
공동 목표보다 우위에 놓을 때 결과에 대한 무관심이 발생한다.

이처럼 조직의 팀워크는 연결고리가 단 한 군데라도 끊어지면
무너지고 만다.

팀이 빠지기 쉬운 5가지 함정을 반대로 접근해보면, 팀워크가
탁월한 팀의 행동방식을 알 수 있게 된다.

첫 번째 법칙

팀원 간에 서로를 신뢰한다.

두 번째 법칙

논쟁이 벌어졌을 때 거리낌 없이 의견 충돌을 일으킨다.

세 번째 법칙

한번 내려진 결정과 실행 계획에 헌신을 다해 노력한다.

네 번째 법칙

정해진 계획에 어긋나는 행동을 했을 경우 책임을 묻는다.

다섯 번째 법칙

공동의 목표를 이루는 데 초점을 맞춘다.

이 5가지 법칙은 이론상으로는 매우 간단해 보이지만 현실에서 이런 수준에 도달하기란 쉽지 않다.

이제 각각의 함정에 대해 자세히 알아보고 극복방안에 대해 살펴볼 것이다. 그러나 그 전에 자신의 팀을 진단해보자. 또 팀의 어디에 개선의 여지와 기회가 있는지 확인해본다면 큰 도움이 될 것이다.

팀 진단하기

다음의 문항들은 팀이 5가지 함정에 어느 정도나 빠져 있는지 평가할 수 있는 진단도구들이다. 그리고 진단결과를 어떻게 표로 만들어 해석할 것인지 간단히 설명하고 있다. 가능하면 팀원 전원이 진단표를 작성하고 그 결과를 함께 검토하는 것이 좋다. 그 과정에서 응답 중에 나타난 의견들을 논의하고, 팀에 영향을 미칠 수 있는 요소들이 무엇인지 확인할 수 있을 것이다.

진단

각 항목에 팀의 해당 정도를 수치로 표시하라. 각 항목에 대해 최대한 솔직하게 평가하되, 너무 깊게 생각하지는 말라.

3 - 늘 그렇다 / 2 - 가끔 그렇다 / 1 - 거의 그렇지 않다

① 팀원들은 문제를 논의할 때 앞뒤 재지 않고 열띤 토론을 벌인다.　(　)

② 팀원들은 동료의 모순적인 처신이나 비생산적인 행동을 주저 없이 지적한다.　(　)

③ 팀원들은 다른 동료의 업무는 무엇이고, 그것이 팀의 공동 목표에 어떻게 관련되어 있는지 잘 안다.　(　)

④ 팀원들은 팀에 부적절한 말 또는 행동을 했거나 팀에 피해를 입혔을 때 재빨리 사과한다.　(　)

⑤ 팀원들은 팀의 이익을 위해 자신의 부서나 개인적 전문영역을 기꺼이 희생한다(예: 운영비, 지분, 직원 충원 등).　(　)

⑥ 팀원들은 자신의 약점과 실수를 솔직하게 인정한다.　(　)

⑦ 팀 회의가 지루하지 않고 자발적으로 이루어진다.　(　)

⑧ 팀원들 간에 의견이 일치하지 않을 때도 일단 합의하고 나면 결정된 사항에 헌신할 것이라는 확신이 있다.　(　)

⑨ 팀이 목표 달성에 실패하면 팀의 사기가 눈에 띄게 떨어진다.　(　)

⑩ 팀 회의 시간에는 가장 중요하고 가장 처리하기 어려운 문제들이 다루어지고 결국에는 결론에 도달한다.　(　)

⑪ 팀원들은 동료의 위신을 떨어뜨릴까봐 늘 걱정한다.　(　)

⑫ 팀원들끼리 서로의 사생활에 대해 이야기해도 불편하지 않다.　(　)

⑬ 팀원들은 명확하고 구체적인 해결책과 행동지침을 세운 다음 논의를 마친다.　(　)

⑭ 팀원들은 동료의 계획과 접근방식에 적극적으로 이의를 제기한다.　（　）

⑮ 팀원들은 자신의 공헌에 대한 칭찬을 구하는 데는 느리지만 다른 사람의 공헌을 인정하는 데는 매우 신속하다.　（　）

점수

각 문항에 기입한 점수를 아래의 빈칸에 채워 넣으시오.

함정 1	함정 2	함정 3	함정 4	함정 5
신뢰의 결핍	충돌의 두려움	헌신의 결핍	책임의 회피	결과에 대한 무관심
문항 ④ (　)	문항 ① (　)	문항 ③ (　)	문항 ② (　)	문항 ⑤ (　)
문항 ⑥ (　)	문항 ⑦ (　)	문항 ⑧ (　)	문항 ⑪ (　)	문항 ⑨ (　)
문항 ⑫ (　)	문항 ⑩ (　)	문항 ⑬ (　)	문항 ⑭ (　)	문항 ⑮ (　)
합계 (　)	합계 (　)	합계 (　)	합계 (　)	합계 (　)

8~9점 팀은 함정에 빠져 있지 않다. 이 팀에는 별다른 문제가 일어나지 않을 확률이 높다.

6~7점 팀이 어느 정도 함정에 빠져 있다. 이 팀은 문제가 발생할 가능성이 있다.

3~5점 십중팔구 함정에 빠져 있다. 따라서 반드시 문제를 해결해야 한다.

　중요한 것은 진단 결과 점수가 아니라 그에 맞게 팀이 어떠한 노력을 기울여야 할지 깨닫는 데 있다.

5가지 함정의 이해와 팀워크의 부활

첫 번째 함정: 신뢰의 결핍

신뢰는 유기적이고 응집력 있는 팀의 심장부에 해당한다. 신뢰 없이 팀워크를 구축한다는 것은 그저 공염불에 지나지 않는다.

불행하게도 '신뢰'라는 단어를 사람들이 너무 자주 쓰는 바람에 본연의 효력을 상실했을뿐더러 지금은 다소 진부한 단어로 취급받고 있는 것이 현실이다.

강력한 팀워크 구축이라는 맥락에서, 신뢰는 팀 내 동료들의 의도가 근본적으로 악의가 없으며, 서로를 대하면서 특별히 자기방어적이거나 조심스러워할 이유가 없을 때 팀원들이 갖게 되는 자신감이다. 본질적으로 팀 동료는 서로를 비판해야 할 때도 불편하게 생각해서는 안 된다.

그러나 신뢰는 사전적 정의에 따르면, 과거의 경험에 근거하여 어떤 사람의 행동을 예측하는 능력과 관계가 있다. 예를 들어, 어떤 팀 동료가 과거에도 항상 일을 잘했기 때문에 앞으로도 업무를 잘할 것이라고 '신뢰'하는 것이다.

이 설명도 맞지만 신뢰가 훌륭한 팀의 특징을 표현하는 의미로 쓰일 때 팀원들은 자신의 취약한 부분을 동료들에게 감추지 않아야 한다.

또 서로를 신뢰함으로써 저마다 가진 취약성이 동료들에게 악의적으로 활용되지 않을 것이라는 믿음을 갖게 된다. 여기에서 언급하고 있는 취약성에는 결점, 재능 부족, 원만하지 못한 대인관계, 실수, 구원 요청 등이 포함된다.

이 이야기들이 '수월하게' 들릴지도 모른다. 그러나 팀원들이 몸을 사릴 필요 없이 자연스럽게 행동하게 되는 경우는 오로지 동료에게 자기의 본래 모습을 노출시켜도 전혀 불편한 마음이 들지 않을 때뿐이다.

결과적으로 그들은 정치적 계산에 따라 상대를 대하거나 전략적으로 기만적인 태도를 보여주는 대신, 당면한 과제에 자신들의 에너지와 주의력을 남김없이 집중시킬 수 있다.

물론 취약성에 기반을 두고 신뢰를 쌓아가는 것이 쉽지는 않다.

왜냐하면 직장에서 승진하고 교육받는 과정에서 가장 성공적인 사람들은 동료들과 경쟁하면서 자신의 명성을 해치지 않는 방법을 배우기 때문이다. 팀의 이익을 위해 그런 본능적인 욕구를 억제한다는 것은 그들에게는 상당한 도전이다. 그러나 바로 그것이야말로 정확히 여기서 요구되는 것이다.

그렇게 하지 못한다면 치러야 할 대가는 엄청나다.

신뢰가 없는 팀은 조직 내에서 팀원들 각자가 자신의 행동과 대인관계를 관리하느라 과도한 시간과 에너지를 낭비한다. 그들은 대개 팀이 모이는 회의석상을 두려워할 뿐 아니라 동료에게 구원을 요청하거나 도와주겠다고 제안하는 위험을 기꺼이 감수하려고 하지 않는다.

결과적으로 서로를 불신하는 팀은 대체로 사기가 매우 떨어져 있으며, 바람직하지 않은 이직률만 높을 뿐이다.

신뢰가 결여된 팀원들의 행동방식

▶ 자신의 약점과 실수를 동료에게 감춘다.

▶ 동료에게 도움을 구하거나 건설적인 피드백을 제공하지 않는다.

▶ 자신의 책임 영역이 아닐 경우에는 도우려고 하지 않는다.

▶ 동료들의 의도와 성향을 명확히 이해하지 않고 곧장 결론을 내린다.

▶ 동료들의 기술과 경험을 활용하는 데 실패한다.

▶ 자신들의 행동이 불러올 파장을 관리하는 데 과도한 시간과 에너지를 낭

비한다.

- ▶ 마음속에 항상 감정의 앙금을 남긴다.
- ▶ 회의를 두려워하고 함께 있는 시간을 피할 이유를 찾는다.

신뢰하는 팀원들의 행동방식

- ▶ 약점과 실수를 시인한다.
- ▶ 기꺼이 도움을 청한다.
- ▶ 자신의 책임 영역에 대해 제기되는 의문과 정보를 수용한다.
- ▶ 부정적 결론을 내리기 전에 서로에게 '의심의 혜택'을 제공한다.
- ▶ 위험을 감수하고 기꺼이 피드백과 도움을 준다.
- ▶ 동료들의 기술과 경험을 인정하고 활용한다.
- ▶ 정치적인 사안이 아니라 정말로 중요한 문제에 시간과 에너지를 쏟아붓는다.
- ▶ 주저 없이 사과하고 상대방의 사과를 받아들인다.
- ▶ 회의 시간을 비롯하여 팀으로 일할 수 있는 기회를 환영한다.

신뢰의 결핍 극복하기

팀은 어떻게 신뢰를 쌓아가야 하는가? 불행하게도 취약점까지 공유할 수 있는 수준의 신뢰는 하루아침에 이룰 수 있는 것이 아니다. 팀원들 간의 신뢰는 오랜 시간 함께 경험을 나누고, 여러 번에 걸쳐 맡은 업무를 완수하여 신용을 얻고, 팀원들이 서로가 가진 독

특한 성향과 버릇을 깊이 있게 이해할 수 있을 때 비로소 생긴다.

그러나 팀원들 간에 신뢰를 쌓게 만드는 몇 가지 방법을 집중적으로 적용한다면 팀은 비교적 짧은 기간에 원하는 신뢰 수준을 어느 정도 이룰 수 있다. 팀의 신뢰 구축 과정에 도움이 될 만한 몇 가지 방법을 제시해보고자 한다.

개인사 알기

신뢰를 쌓아가는 첫 번째 단계는 서로의 개인사를 알아가는 것이다. 이 연습에는 한 시간 정도 시간이 소요되는데, 팀원들이 회의 테이블에 둘러앉아 개인사와 관련된 짧은 질문목록을 만들고 서로서로 답변해가는 방식이다.

이때 지나치게 민감한 주제에 관한 질문은 삼가야 하며, 형제관계, 고향, 어린 시절 겪었던 자신만의 시련, 취미, 첫 번째 직장, 최악의 직장 등을 묻는 것이 좋다.

여기서 한 단계 더 나아가 개인의 성격이나 장단점 등을 알아가다 보면 동료들과 인간적으로 더 가까워지게 된다. 서로의 지난 일들을 공유하면서, 상대가 다양한 경험을 해왔고 깊은 생각을 하는 존재임을 깨닫게 될 것이다.

이런 연습과정을 통해 팀원들 사이에는 전보다 훨씬 깊이 있는 공감대가 형성되어 해묵은 감정이나 오해들이 사라지게 된다. 팀원들이 그동안 서로를 얼마나 모르고 있었는지, 또 그 벽을 부수는 데 얼마나 적은 시간과 적은 양의 정보만이 필요한지 알게 된다면 모두 깜짝 놀랄 것이다.

팀의 능률 높이기

두 번째 단계인 팀의 능률 높이기는 개인사 알기에 비해 좀 더 엄격하고, 업무와 직접적인 연관성을 지닌다. 또한 그런 만큼 위험요소도 크다.

먼저 팀원들은 동료 한 명 한 명에 대해 그 사람이 현재 팀에 기여하는 최대 공헌은 무엇이고, 팀의 이익을 위해 개선하거나 없애야 할 영역은 무엇인지 하나씩 확인한다. 그런 다음 모든 구성원이 한 번에 한 사람씩 놓고 확인된 결과를 검토하는데, 보통은 팀의 리더부터 시작한다.

언뜻 보기에 이 연습은 주제넘은 참견으로 들릴 수도 있기 때문에 다소 위험한 측면이 있다. 그러나 신뢰를 쌓기 위해서 감당해야 할 부분이며, 무엇보다 불과 한 시간여 만에 건설적이고 유용한 정보들이 얼마나 많이 쏟아져 나오는지 보게 된다면 놀랄 수밖에 없을 것이다.

이 연습을 제대로 하려면 어느 정도의 신뢰가 쌓여야 하지만, 일부 함정에 빠져 있는 팀이라 할지라도 조금만 노력하면 훌륭히 연습을 마칠 수 있다.

행동성향 및 성격유형 검사법은 팀의 신뢰구축에 가장 효과적이고 지속력을 가진 도구 가운데 하나다. 이 검사법은 팀원들이 서로를 더 잘 이해하고, 공감대를 형성할 수 있게 해줌으로써 대인관계의 장애물을 허무는 데 도움을 준다.

MBTI(마이어브릭스 유형지표) 등 성격유형 검사법은 각양각색인 팀원들이 생각하고, 말하고, 행동하는 다양한 유형들을 분석하여 그들이 각각 어떤 성격과 행동성향을 갖고 있는지 과학적으로 타당한 설명을 제공한다.

이러한 성격유형 검사법은 다음과 같은 세 가지 장점을 지닌다.

첫째, 검사를 통해 나온 결과들은 어떤 평가를 내리지 않는다. 다시 말해 각각의 성격유형들은 '다를' 뿐이지 '좋고 나쁨'으로 양분되지 않는다.

둘째, 연구의 기반이 합리적인 과학에 기초를 둔 것이다.

셋째, 검사 대상자가 자신의 성격유형을 확인할 때 하나씩 체크하고 점수를 매기는 과정을 통해 적극적으로 역할을 수행하도록 되어 있다. 해석 과정에서 오해의 소지가 생기지 않도록 되도록이면 전문 상담가가 있는 자리에서 검사를 실시하는 것이 좋다.

360도 피드백

이 방법은 팀에게는 높은 성과를 가져다줄 수 있으나, 지금까지 소개한 방법에 비해 위험도가 훨씬 높다. 왜냐하면 이 연습은 팀원들이 서로에게 구체적인 판단을 내리며 건설적인 비판을 해야 하기 때문이다.

이 연습을 성공적으로 활용하기 위해서는 연습에서 나온 결과를 공식적인 평가, 보상 등과 철저히 분리해야 한다. 그래야만 외부로부터 어떤 영향도 받지 않고 자신의 장점과 약점을 확인할 수 있다.

360도 피드백 프로그램은 팀워크의 발전을 위해서만 활용되어야 한다. 만일 이 프로그램이 개인적 평가와 연결된다면 위험한 수단으로 쓰일 수 있으므로 반드시 주의해야 한다.

팀 체험

팀 체험은 극기훈련 등의 야외활동을 함께 함으로써 팀워크를 다지는 방법이다. 서로를 도와가며 난관을 헤쳐나가다 보면, 서로에 대한 신뢰가 쌓이고 결속력이 다져진다. 물론 회사로 돌아왔을 때 그 효과가 단번에 나타나지는 않지만 문제상황에 부딪혔을 때 좀 더 탄탄해진 팀워크를 확인할 수 있게 될 것이다.

위의 다섯 가지 훈련방법은 단기간에 상당한 효과를 발휘하지만, 일상적으로 업무를 수행하는 과정에서 그 효과가 유지되고 있는지 늘 확인하고 독려해야 한다. 아무리 팀워크가 돈독한 팀이라도 때때로 확인해주지 않으면 신뢰의 끈이 느슨해질 수 있다.

리더의 역할

팀의 신뢰구축을 위해 리더가 해야 할 가장 중요한 행동은 사람들 앞에서 자신의 부족한 부분을 드러내는 것이다. 리더가 위신이 떨어질지도 모를 위험을 감수하면서까지 솔직하게 나오면, 팀원들 역시 함께 위험을 감수하려고 할 것이다.

이때 리더가 개인의 약점을 들춰내는 분위기를 조성해서는 안 된다. 아무리 선의를 가진 팀이라고 해도 약점이나 실수를 고백한 사람에게 마치 처벌을 가하듯 비판하면 미묘한 불신의 조짐이 생겨날 수 있다.

또한 리더는 거짓 없이 진실하게 자신의 부족한 면을 내보여야 한다. 만약 팀원들의 감정을 조작하기 위해 연극을 한다면 팀의 신뢰를 잃는 지름길이 될 것이다.

두 번째 함정과의 관계

첫 번째 함정을 극복하고 나면 이제 '충돌의 두려움'과 어떻게 관계를 맺을 것인가를 고민해야 한다. 신뢰가 구축된 팀은 충돌이 가능해진다. 남들이 들으면 비난으로 해석될 여지가 있는 말이라도 팀원들끼리는 절대 비난으로 받아들이지 않을 것이라는 믿음이 생기기 때문이다. 이런 팀은 열정적이고 치열한 논쟁에 기꺼이 뛰어들려고 한다.

두 번째 함정: 충돌의 두려움

모든 관계들은 성장을 위해 종종 생산적인 충돌을 요구한다. 이는 부부 관계, 부모자식 관계, 친구 관계, 그리고 사업상의 관계에도 적용된다.

불행하게도 우리는 그동안 충돌을 금기시해왔다. 특히 업무상의 충돌은 더욱 그렇다. 그리고 경영 조직의 사슬에서 높은 지위로 올라갈수록, 훌륭한 팀이라면 본질적으로 갖추어야 할 열정적인 유형의 논쟁을 피하기 위해 과도한 시간과 에너지를 소비하는 사람들을 더 많이 발견하게 된다.

생산적인 이념의 충돌과 파괴적인 싸움은 구분해야 한다. 그것은 대인관계의 정치 역학이 빚어낸 갈등과는 분명히 다르다. 이념적인 충돌은 개념과 사상의 문제에 제한된다. 그리고 상대방의 인간성에 논쟁의 초점을 맞추는 등의 비열한 공격을 하지 않는다. 그러나 이념적인 충돌은 인간관계에서 흔히 볼 수 있는 충돌의 모습을 띠기 때문에 외부인은 그 충돌을 비생산적인 불협화음으로 쉽게 오인할 수 있다.

그러나 생산적인 충돌에 뛰어드는 팀은 충돌의 유일한 목적이 최단 시간에 최고의 해법을 도출하는 것임을 잘 알고 있다. 그들은 문제의 논의와 해결이 다른 사람들에 비해 빠르고 완벽하다. 그리고 그들은 감정의 앙금과 같은 피해 없이 열띤 논쟁을 끝맺는다. 그러면서도 다음 문제를 다루기 위한 열의와 자발성은 여전히 잃지 않는다.

아이러니하게도 이념적인 충돌을 피하는 팀은 흔히 팀 동료의 감정을 상하게 하고 싶지 않아서 또는 긴장감이 형성되는 것을 막기 위해서 그렇게 한다고 말한다.

중요한 제안에 대해 솔직한 논쟁과 의견 충돌을 꺼릴 때 사람들은 대개 무대 뒤에서 벌어지는 인신공격에 의지하게 된다. 그것은 열띤 논쟁과는 비교조차 할 수 없는 매우 불쾌하고 해로운 행동이다.

매우 많은 사람들이 효율성이라는 명목하에 충돌을 피한다는 것 또한 아이러니하다. 왜냐하면 사실 건전한 충돌은 시간을 절약해주기 때문이다.

팀이 논쟁을 벌임으로써 시간과 에너지를 낭비한다는 생각은 완전히 잘못된 것이다. 그와는 정반대로 충돌을 회피한 팀은 사실상 아무런 해결책도 얻지 못한 채 같은 문제를 되풀이해서 다루게 되므로 결국은 시간과 에너지를 크게 낭비하는 셈이 된다.

보통 그런 팀에서는 문제가 생겼을 때 팀원들에게 따로 만나 조용히 처리할 것을 요구한다. 말은 좋지만 그것은 중요한 문제를 제대로 다루지 않겠다는 것이나 다를 바 없으며, 결국엔 다음번 회의 때 그 문제를 다시 제기하게 만들 뿐이다.

충돌을 두려워하는 팀의 행동방식 ────────────

▶ 회의 시간이 따분하다.

▶ 막후에서 정치적 알력과 인신공격이 난무하는 분위기가 조성된다.

▶ 팀의 성공에 열쇠가 되는 논쟁거리를 무시한다.

▶ 팀원 모두가 의견과 전망을 청취하는 데 실패한다.

▶ 겉모습을 치장하고 대인관계에서와 위험을 관리하는 데 시간과 에너지를
소비한다.

충돌에 뛰어드는 팀의 행동방식 ────────────

▶ 회의 시간이 활기차고 흥미롭다.

▶ 팀 구성원 전체의 생각을 끄집어내 활용한다.

▶ 중요한 문젯거리를 신속하게 해결한다.

▶ 정치적 역학관계 문제를 최소화한다.

▶ 아슬아슬한 주제들을 과감하게 논의한다.

충돌의 두려움 극복하기

팀원들이 건전한 충돌에 자발적으로 참여하게 하려면 어떻게 해
야 할까?

첫 번째 단계는 충돌이 생산적이라는 사실을 인정하는 것이다.
팀원들 중 한 명이라도 충돌이 불필요하다고 생각하면 생산적인
충돌이 일어날 확률은 크지 않다.

충돌의 필요성을 인식하는 차원이 아니라, 충돌을 생산적인 활동으로 만드는 몇 가지 방법을 알아보자.

채굴

충돌을 피하는 팀원들에게는 묵혀둔 의견의 불일치를 파내서 광명을 비춰주는 '충돌을 캐내는 광부'가 필요하다. 또한 팀원들은 민감한 문제를 끄집어내 동료들의 철저한 검증을 요구할 수 있는 용기와 신념을 가져야 한다.

회의 중에는 일정 수준의 객관성을 유지해야 하며, 문제가 해결되기 전에는 충돌을 거둬들이지 않겠다는 철저한 헌신의 자세 또한 필요하다. 토론시간이나 회의 시간에 팀원 중 한 명을 지목하여 그 책임을 맡길 수도 있다.

즉각적인 승인

충돌을 캐내는 과정에서 팀원들은 건전한 논쟁에서 결코 물러나지 말 것을 서로에게 충고해주어야 한다. 충돌에 뛰어든 사람들이 불편해할 정도의 수준에 이르렀을 때를 포착해 지금 벌이고 있는 충돌이 불가피한 것임을 팀원들이 서로에게 상기시켜주면 된다.

이 방법은 논쟁 참여자들에게 '생산적이지만 결코 만만치 않은' 지금의 의견 충돌을 계속해도 괜찮다는 확신을 주면서 충돌로 고조된 긴장감도 어느 정도 누그러뜨릴 수 있는 매우 효과적인 수단이다.

그리고 토론이 끝나고 나면 논쟁 참여자들에게 그들이 조금 전에 뛰어들었던 충돌은 팀을 위해 좋은 일이었으며, 결코 뒤로 미룰 문제가 아니었음을 상기시켜야 한다.

기타 수단들

앞부분에 언급했듯이 팀원들 간의 상호이해를 발전시키는 다양한 종류의 행동성향 및 성격유형 검사법이 존재한다. 대부분의 검사법은 충돌에 대처하는 사람들의 다양한 방법과 유형을 설명해주기 때문에 이런 도구들을 잘 이용하면 사람들이 어떻게 충돌에 돌입하고, 저항할 것인지 예상하는 데 적지 않은 도움이 된다.

충돌과 특히 관련이 있는 또 다른 수단으로 보통 TKI라고 불리는 '토머스-킬만 충돌관리유형 검사'가 있다. TKI는 충돌을 둘러싼 인간의 근본성향이 무엇인지 설명하며, 팀원들이 각기 다른 상황에 따라 전략적으로 택할 수 있는 가장 적절한 접근 방식이 무엇인지 이해할 수 있게 해준다.

리더의 역할

건전한 충돌을 만들어나갈 때 리더가 극복해야 할 심리적 갈등 중 하나는 팀원들의 피해를 막아야겠다는 지나친 욕구다. 이것은 의견이 일치하지 않을 때 섣부르게 간섭하게 되는 결과로 이어지며, 결국은 팀원들이 충돌을 견뎌낼 수 있는 기술을 스스로 발전시키지 못하게 하는 셈이 된다.

이런 자세는 아이들이 싸우지 못하도록 지나치게 간섭하는 부모의 양육방법과 다를 바 없다. 대개의 경우 충돌 대처 기술을 익힐 기회를 박탈당한 논쟁 참여자들 사이에서는 왜곡된 대인관계와 바람직하지 않은 정치적 역학관계만 무성해질 뿐이다. 또 사람들 각자의 마음속에는 획득될 기미가 전혀 보이지 않는 해결책에 대한 갈증만이 남게 된다.

따라서 직원들이 충돌을 빚고 있을 때 다소 혼란스럽게 느껴지더라도 한 걸음 뒤로 물러나서 자연스럽게 해결해가도록 지켜보는 것이 성공의 열쇠다. 물론 이것은 쉽지 않은 도전 과제다. 왜냐하면 많은 리더들은 팀이 논쟁을 벌일 때 나서서 통솔력을 발휘하지 않으면 자신의 역할에 실패한 것이라고 여기기 때문이다.

마지막으로 진부한 소리로 들릴 수도 있겠지만 적절한 충돌을 유도해낼 줄 아는 것도 리더가 지녀야 할 중요한 능력에 속한다. 생산적인 결과를 얻을 수 있는 꼭 필요한 경우인데도 충돌을 피한다면 리더는 팀이 두 번째 함정에 빠져 있도록 방치하는 셈이 된다. 그리고 실제로 많은 경영자들이 그렇게 하고 있다.

세 번째 함정과의 관계

첫 번째, 두 번째 함정이 '헌신의 결핍'이라는 세 번째 함정과 어떻게 연결될까? 생산적인 충돌에 뛰어들어 팀원 전체의 의견과 전망을 청취함으로써 팀은 결정사항에 확신을 갖고 헌신하며 매진할 수 있다. 그리고 그들은 팀원 모두의 생각을 통해 팀이 큰 혜택을 입었다고 생각한다.

세 번째 함정 : 헌신의 결핍

팀의 맥락에서 헌신은 두 가지 함수요인을 가진다. 하나는 명확성이고, 다른 하나는 '나의 업무'라는 의식이다. 훌륭한 팀은 시의적절하게 명료한 결정을 내리며, 팀원 전체가 그 결정에 완벽하게 참여하여 앞으로 전진해나간다. 처음 논의과정에서는 반대하던 사람이라고 해도 예외가 없다. 팀원들은 모든 결정사항을 진심으로 지지할 것이라는 생각에 추호의 의심도 없이 회의장을 떠난다.

팀이 헌신이 결핍된 데는 두 가지 가장 큰 원인이 있다. 만장일치에 대한 욕심과 확실성의 결핍이 그것이다.

만장일치에 대한 욕심

훌륭한 팀은 만장일치를 추구하는 것이 얼마나 위험한 일인지 알고 있다. 그리고 완벽한 동의가 불가능한 상황에서 어떻게 완벽한 참여의식을 얻어낼 것인지 그 방법을 찾는다. 그들은 합리적인 인간이라면 자기 마음대로 결정을 내리려고 하지 않으며, 단지 사람들이 자신의 의견을 듣고 고려했다는 사실을 확인하는 것으로 만족한다는 사실을 알고 있다.

훌륭한 팀은 팀원 전체의 생각을 고려하며, 그로 인해 팀원들은 팀이 궁극적으로 어떤 결정을 내리든 자발적 의지를 발휘하여 자기 일처럼 온 힘을 다해 결정사항을 지지한다. 그리고 어떤 곤경 때문에 그것이 가능하지 않을 때, 팀의 리더는 확실히 책임을 물을 수 있다.

확실성의 결핍

훌륭한 팀은 어떤 결정이 내려지건, 심지어 과연 그 결정이 옳은 것인지 확신하지 못할 때조차 팀원 전체가 명확한 행동 지침에 따라 전력을 다해 헌신할 수 있는 능력을 갖추었다는 사실을 자랑스럽게 생각한다.

그것은 그 팀이 오래된 군대의 공식을 잘 이해하고 있다는 징표이다. 다시 말해 아무런 결정도 내리지 않는 것보다 어떤 결정이건 내리는 편이 더 낫다는 것이다. 그 팀은 또한 모호한 태도를 취하느니 차라리 오류가 있더라도 과감한 결정을 내리는 편이 더 낫다는 것을 깨달은 것이다.

일단 과감하게 결정하고, 나중에 그와 똑같은 과감성을 또 다시 발휘하여 올바른 쪽으로 방향을 바꾸면 되기 때문이다.

이런 태도와 함정에 빠지는 다음 팀의 행동을 비교해보라.

그들은 올바른 결정이라고 확실히 느낄 수 있을 만큼 충분히 자료를 확보할 때까지 애매한 태도를 취하면서 중대한 결정들을 뒤로 미루려고 한다. 어떻게 보면 무척 신중한 태도로 보일 수도 있지만, 이런 팀의 태도가 실은 팀 내에 무기력증과 신념의 결핍 현상을 야기하기 때문에 위험할 수 있다.

중요한 사실은, 충돌은 완벽한 정보가 없는 상황에서도 기꺼이 헌신하겠다는 태도에 기반을 둔다는 것이다.

사실 많은 경우 팀은 필요한 정보를 모두 갖고 있지만 그 정보는 팀 내 어딘가에 처박혀 활용되지 못한 채 방치되는 경우가 대부분이다. 이때 거리낌 없는 논쟁을 통하여 바로 그런 정보들을 밖으로 끄집어내야 한다. 각자가 자신의 의견과 정보를 꺼내놓을 때 비로소 팀은 신념을 갖고 주어진 결정사항에 헌신할 수 있으며, 그것이 팀 전체가 보유한 공동의 지혜를 들을 수 있는 기회라는 사실을 알게 된다.

만장일치와 확실성에 대한 요구가 팀이 함정에 빠지게 되는 원인인지 여부를 떠나서 먼저 깨달아야 할 것이 있다. 결정을 명확하게 내리기 위해 애쓰지 않는 임원 팀에 일어날 수 있는 가장 심각한 결과 중 하나는 바로 조직 내부에 해결되지 않는 불일치의 골이 더욱 깊어질 수 있다는 점이다.

다른 경우와 달리 특히 이 함정은 하급자들 사이에 위험한 파급효과를 불러일으킬 수 있다는 점을 주목해야 한다.

어떤 임원 팀이 팀원 전체의 진정한 참여의식을 도출하는 데 실패한다면 비록 그들 내부에 지금 현재 그다지 크지 않은 불일치가 존재한다 하더라도 그들에게서 지시를 받는 각 부서의 직원들은 상급자들이 분명하게 조율하지 않은 채 부서별로 하달한 지시 사항을 해석하는 과정에서 동료들 간에, 또 부서 간에 불가피한 잡음을 만들게 될 것이다.

소용돌이처럼, 조직 내 고위직인 임원 팀에서 발생한 작은 균열이 저 아래의 평직원에게 이를 때쯤에는 이미 치유하기 어려운 불협화음으로 변해 있을 것이다.

헌신에 실패하는 팀원들의 행동방식

▶ 행동지침과 우선순위에 관해 팀 내부에 애매성을 가져온다.

▶ 과도한 분석과 불필요한 결정 연기로 결국 기회를 놓친다.

▶ 신념의 결핍과 실패의 두려움을 조성한다.

▶ 끝없는 토론과 결정의 번복을 거듭한다.

▶ 팀원들 사이에 결과론을 중시하는 분위기가 형성된다.

헌신하는 팀의 행동방식

▶ 명확한 행동지침과 우선순위를 이끌어낸다.

▶ 공동의 목표를 놓고 팀 전체가 함께 조율한다.

▶ 실수를 통해 학습능력을 발전시킨다.

▶ 경쟁자에 앞서 기회를 선점한다.

▶ 주저하지 않고 앞으로 나아간다.

헌신의 결핍 극복하기

팀은 어떻게 팀원들의 헌신을 확보할 수 있는가? 먼저 구체적인 단계를 밟아 명확성을 극대화해나가고 '이 업무는 바로 나의 업무'라는 의식을 갖게 함으로써 이루어진다. 또한 만장일치나 확실성에 대한 유혹을 뿌리치는 것도 매우 중요하다.

다음에 제시하는 간단하면서도 효과적인 방법을 살펴보자.

계단식 메시지 전달

단 몇 분이면 충분한 이 연습은 가장 효과적이면서 별도의 노력이 전혀 필요 없다.

임원 회의나 사외 워크숍이 끝날 시점에 팀은 회의 중 도달한 핵심 결의사항을 다시 한번 분명하게 검토한다. 그리고 그 결정을 놓고 직원들이나 여타의 외부 집단에 무엇을 전달할 것인지 합의한다.

이런 연습에서 흔히 팀원들은 회의 중에 분명히 동의했지만 실은 약간 딴생각을 하고 있었으며, 그런 결정사항을 실행하기 전에 구체적으로 명확히 해둘 필요가 있다는 사실을 깨닫게 된다. 또한 이번 결정사항 중에서 비밀을 유지해야 하는 것은 무엇이며, 신속하게 전체적으로 전달해야 하는 것은 무엇인지도 분명해진다.

마침내 서로의 입장을 분명하게 조율하고 회의장을 떠남으로써 각 부서의 리더들은 강력한 단일 메시지를 직원들에게 전달할 수 있게 된다. 그것은 똑같이 회의에 참석하고도 다른 지시사항을 전달하는 임원들의 행태에 익숙해져 있는 직원들의 입장에서는 매우 환영할 만한 일이다.

데드라인

단순하게 들리겠지만 헌신을 확보하는 최고의 방법은 최종 결정을 내릴 마감시점을 분명히 정하고 그렇게 정한 날짜를 엄한 기강을 세워 존중하는 것이다. 세 번째 함정에 빠지기 쉬운 팀이 극복해야 할 최악의 적은 애매성이다.

여기서 결정적인 요소는 명확한 시간의 조절이다. 최종 마감시한 준수도 매우 중요하지만 그보다 더 중요한 것은 중간 결정과 논의상의 주요 단계 도달 시점을 미리 정해 철저히 지키는 것이다. 그렇게 함으로써 더 이상 수습하기 어려울 정도로 논의가 진척되기 전에 아직 조율되지 않은 문제들을 확인하고 조정할 수 있기 때문이다.

우발적 사건과 '최악의 경우' 시나리오 분석

헌신에 문제가 있는 팀은 다음과 같은 방법으로 극복할 수 있다. 이런 팀은 우발적인 사건이 예상되는 사태에 어떻게 대처할 것인지 계획을 간단히 논의해본다거나, 현재 도출하고자 하는 결정으로 현실화될 수 있는 최악의 시나리오를 명확히 정리하는 것이다.

이것은 잘못된 결정으로 치러야 할 대가가 비교적 견딜 만하며, 생각보다 피해가 훨씬 적다는 사실을 알려줌으로써 사람들의 두려움을 감소시키게 된다.

과감한 의사 결정 시도

헌신 공포증이 있는 팀에 적합한 또 다른 연습은 비교적 위험하지 않은 상황에서 과단성을 드러내 보이는 것이다. 분석이나 연구가 미진한 상황이지만 실속 있는 토론을 벌인 후에 곧바로 결정을 내려야만 하는 경우가 있는데, 사람들은 보통 그런 식으로 얻은 결정의 수준이 걱정했던 것보다 그리 낮지 않을뿐더러 오랜 시간 연구한 끝에 얻은 결정과 비교해봐도 그다지 큰 차이가 없음을 깨닫게 된다.

이것은 분석이나 연구가 불필요하다거나 중요치 않다고 말하려는 게 아니다. 다만 헌신의 결핍에 빠져 있는 팀은 흔히 그런 요소들을 과도할 정도로 높게 평가하는 경향이 있다는 것이다.

리더의 역할

팀의 리더는 결국에는 잘못된 결정으로 판명될 것 같다고 하더라도 속을 끓여서는 안 된다. 그리고 리더는 팀 내에서 문제에 관한 논의를 끝낼 수 있도록 끊임없이 압박해야 한다. 팀이 설정한 시간표를 고수하는 것은 물론이다. 그러나 리더는 확실성이나 만장일치에 지나치게 높은 가치를 부여해서는 안 된다.

네 번째 함정과의 관계

팀원들의 행동에 대해 서로의 책임을 물으려면 팀이 현재 기대하고 있는 바가 무엇인지 분명해야 한다. 책임과 해명의 열렬한 지지자라고 해도 이전에 한 번도 제기된 적이 없거나 애초부터 분명치 않았던 문제에 관해 누군가의 책임을 물어야 한다면 대개 주저할 수밖에 없을 것이다.

네 번째 함정: 책임의 회피

오늘날 '책임'은 너무 과도하게 사용된 나머지 본래의 의미를 상실한 채 진부한 용어가 되어버렸다. 그러나 팀워크의 맥락에서 구체적으로 말하자면, '책임'은 팀원들이 팀을 해칠 수 있는 동료의 업무수행이나 처신에 이의를 제기할 때 거리낌이 없는 것을 가리킨다.

이 함정의 본질은 팀원들이 동료의 행동을 문제 삼을 때 야기되는 불편한 대인관계를 기꺼이 감수하려 하지 않는다는 사실에 있다. 좀 더 일반적으로 말하자면 불편한 대화를 피하고 싶은 사람들의 대체적인 경향이라고 할 수 있다. 훌륭한 팀의 구성원들은 인간의 이러한 자연스러운 성향을 극복한다. 그리고 동료들과 '위험에 돌입하는' 길을 택한다.

물론 이를 실천하기는 만만치 않다. 사람들 사이에 강력한 유대관계가 형성되어 있는 끈끈한 팀에서라면 더욱 그렇다.

사실 각별히 친한 동료들끼리는 상대의 책임을 정확하게 추궁하는 데 주저하는 것이 대부분이다. 왜냐하면 귀중한 인간관계가 위험에 처할까봐 두렵기 때문이다. 그러나 아이러니하게도 그런 머뭇거림이 오히려 그 관계를 쇠퇴하게 만드는 원인이 된다. 왜냐하면 팀원들은 기대에 어긋난 행동을 하고 조직의 규칙을 어기는 동료들을 서로 원망하기 시작할 것이기 때문이다.

훌륭한 팀의 구성원들은 상대의 책임을 묻는 데 주저하지 않는다. 그들은 자신이 상대를 존중하고 있으며 상대의 업무수행에 높은 기대를 갖고 있음을 증명함으로써 서로 간의 관계를 개선한다.

팀이 업무수행의 높은 기준을 유지하는 데 가장 효과적이고 능률적인 수단은 바로 동료의 압박이다. 그렇게 함으로써 업무 관리에 필요한 과도한 사무 처리가 불필요해진다. 그 어떤 정책이나 시스템을 활용한다고 해도, 업무수행의 개선을 자극하는 훌륭한 팀 동료를 실망시키는 것보다 두려운 일은 없다.

책임을 회피하는 팀의 행동방식 ────────────

▶ 서로 다른 업무수행 기준을 가진 팀원들 사이에 원망이 싹튼다.

▶ 평범함을 강조한다.

▶ 마감시한과 핵심적인 약속사항을 놓친다.

▶ 팀의 리더에게 과도한 규율 관리의 부담을 준다.

서로에게 책임을 묻는 팀의 행동방식 ─────────

▶ 형편없이 일하는 사람들에게 개선의 압박을 느끼게 만든다.

▶ 주저 없이 상대의 접근 방식에 의문을 제기함으로써 신속하게 문제점을 확인한다.

▶ 높은 기준을 동일하게 유지하고 있는 팀원들 사이에 존중심이 확립된다.

▶ 업무 관리에 요구되는 과도한 낭비를 피한다.

네 번째 함정 극복하기

'책임'을 확보하기 위해 팀은 어떻게 해야 할까?

이 함정을 극복하는 열쇠는 간단하지만 효과가 탁월한 몇 가지 고전적인 관리 방식을 고수하는 것이다.

목표와 기준의 명확화

팀원들이 서로에게 좀 더 쉽게 책임을 묻게 하려면 팀이 이루고자 하는 목표가 무엇이고, 누가 무슨 일을 맡아야 하며, 성공을 위해 어떻게 처신해야 하는지 등을 공개적으로 정확하게 명시해야 한다. 책임의 적은 애매성이다. 팀이 어떤 계획이나 일련의 행동 기준에 따라 처음부터 헌신하고 있는 경우라고 해도 그런 합의를 계속해서 공공연하게 알리면 아무도 쉽게 그것을 무시할 수 없게 될 것이다.

팀원들이 쉽게 행동으로 옮기려고 하지 않을 때 약간의 구조적 장치를 활용하면 큰 효과가 있다.

사람들에게 행동이나 업무수행에 관한 피드백을 주고받게 한다. 팀원들은 팀의 목표나 기준에 어긋나는 행동에 대해 반드시 정기적인 대화를 나누어야 한다. 분명한 기대치나 어느 정도의 구조적 장치 없이 그들이 스스로 알아서 하게 내버려 두는 것은 책임회피의 가능성을 열어두는 셈이다.

팀 단위의 포상

업무성과에 대한 포상을 팀 차원으로 하면 팀원 모두가 책임을 다하는 문화 풍토를 조성할 수 있다. 그런 분위기는 팀이 조용히 방관만 하고 있지 않을 때 생기며 동료가 자신의 역할을 다하지 않을 때 깨진다.

리더의 역할

팀에게 '책임'을 심어주고 싶은 리더는 먼저 팀원들이 자기 팀을 책임지고 관리할 수 있도록 해야 한다. 오히려 리더들이 자연스럽게 팀 내에 책임 공백을 만들어내는 경우도 있는데, 그것은 자기 자신을 팀 내 규율 관리의 유일한 원천으로 삼기 때문이다.

하지만 그렇게 되면 팀원들 사이에서는 내 영역이 아닌 문제에 대해서 리더가 나에게 책임을 묻지 않는다고 지레짐작하는 분위기가 조성된다. 게다가 팀원들은 일이 잘못되었을 때도 굳이 나서려고 하지 않는다.

일단 결과에 책임지는 문화를 팀 내에 구축했으면, 그때부터 리더는 팀이 해결 못할 문제가 생겼을 때 최후의 궁극적인 중재자로 나설 각오가 되어 있어야 한다. 그리고 그런 일은 매우 드물어야 한다. 그런 차원에서 리더는 팀의 모든 구성원들에게 다음 두 가지 점을 분명히 해두어야 한다.

첫째, 책임이란 의견일치로 연결되는 게 아니라 팀원들이 함께 공유해야 하는 것이다. 둘째, 필요할 경우 어떤 문제든 자신이 주저 없이 개입해야 한다.

다섯 번째 함정과의 관계

앞에서 설명한 네 가지 함정과 다섯 번째 함정인 '결과에 대한 무관심'은 어떻게 연결될까? 팀 동료들이 자신들이 공헌해야 할 바에 온전한 책임을 다하지 않을 때, 그들은 개인적인 욕구를 위해서만 관심을 가질 가능성이 높아진다. 그래서 결국 자기 자신이나 자기 부서의 발전에 더욱 신경을 쓰게 될 것이다. 따라서 책임의 결여는 팀원들이 자신들의 관심을 공동의 결과가 아닌 다른 영역으로 옮겨가게 만드는 요소가 된다.

다섯 번째 함정: 결과에 대한 무관심

팀이 궁극적으로 빠지는 함정은 팀원들이 팀의 공동 목표보다 다른 것에 관심을 두고 싶어 하는 경향이다. 구체적인 목표와 분명하게 규정된 결과에 대한 꾸준한 집중은 업무성과의 판단 기준을 개인이 아니라 팀 자체에 두는 조직에게 반드시 필요한 사항이다.

여기서 말하는 결과는 이윤, 수익, 주주 수익률 등 재무상의 수치에 한정되는 것이 아님을 주목해야 한다. 자본주의 경제에서는 많은 조직들이 궁극적인 성공의 척도로 이 같은 항목을 채택하고 있는 것이 사실이지만, 이번 함정은 결과에 대한 훨씬 폭넓은 정의를 가리키며 좀 더 구체적으로는 성과에 기반을 둔 업무수행과 관계가 있다.

모든 훌륭한 조직은 주어진 기간 내에 구체적으로 무엇을 이룰 것인지 계획을 세운다. 단순한 재무제표상의 수치 이상의 의미를 지니는 그런 목표들이 가까운 장래에 이루어야 할 결과를 만들어 낸다.

말하자면 어떤 회사든 이윤을 궁극적인 결과의 척도로 삼을 수는 있다. 그러나 임원이 그에 걸맞게 내부적으로 설정한 목적과 목표들이야말로 하나의 팀으로서 추구하는 더 전형적인 '결과'의 본보기인 셈이다. 그리고 궁극적으로는 이런 목표들이 이윤 추구의 추진력이 된다.

그렇다면 도대체 팀의 결과 말고 다른 무엇에 초점을 맞추게 되는 것일까? 크게는 팀의 위상과 개인의 위상이 될 수 있다.

팀의 위상

어떤 팀원들은 단지 특정 팀의 일원이 되었다는 사실만으로도 충분히 만족스러워한다. 그들에게도 구체적인 결과의 성취가 바람직한 것일 수 있겠지만, 엄청난 희생이나 귀찮은 일을 겪어가면서까지 반드시 해내야 하는 가치는 없다. 실제로 많은 팀들이 '위상'의 유혹 앞에 희생양이 되고 만다.

이런 현상은 이타적 성격의 비영리 조직에서도 가끔 생기는데, 그런 조직일수록 일 자체의 고결함만으로도 사람들에게 만족감을 주기에 충분하기 때문이다. 정치집단, 학술집단, 그리고 일류 기업체들 또한 이런 함정에 빠지기 쉽다. 그들은 성공이란 단지 지금의 특별한 조직에 합류해 있는 것이라고 생각한다.

개인의 위상

팀을 희생하고 개인의 지위나 경력 개발에만 초점을 맞추고자 하는 사람들의 일반적인 성향을 가리킨다. 모든 인간이 자기중심적인 성향을 타고나는 것은 사실이지만, 기능적인 팀이라면 팀원 모두가 집단의 공동목표를 개인의 목표보다 더 중요하게 여겨야 한다.

언뜻 보기에 이 함정은 반드시 피해야 할 것처럼 생각된다. 하지만 의외로 많은 팀들이 오로지 결과에만 집중한다는 사실도 주목할 필요가 있다. 그러한 팀의 팀원들은 의미 있는 목표를 이루어내기 위해 팀 내에서 존재하는 것이 아니라 다만 그 안에서 존재하고 살아남는 것이 목표일 뿐이다.

불행하게도 그런 집단은 신뢰, 충돌, 헌신이나 책임감 같은 것을 아무리 동원해도 승리를 얻어낼 수가 없다.

결과에 무관심한 팀의 행동방식 ─────────────

▶ 성장하지 못한 채 늘 제자리걸음이다.

▶ 경쟁자에게 거의 매번 당하고 만다.

▶ 성취를 중시하는 직원들을 잃는다.

▶ 팀원들이 개인 경력이나 개인 목표에만 관심을 갖게 만든다.

▶ 쉽게 흐트러진다.

공동의 결과를 중시하는 팀의 행동방식 ─────────────

▶ 직원들이 성취를 중요하게 여긴다.

▶ 개별적인 행동을 극소화한다.

▶ 성공을 즐기고 실패를 뼈저리게 아파한다.

▶ 개인의 목표나 관심을 팀의 이익에 결부시킨다.

▶ 분열을 피한다.

결과에 대한 무관심 극복하기

팀원들이 팀의 결과를 먼저 생각할 수 있도록 하려면 팀은 어떻게 해야 할까? 공동의 목표를 분명하게 설정하고, 그 결과에 공헌한 행동과 활동에 대해서 포상해야 한다.

결과에 대한 공공연한 선언

축구나 농구 감독의 입장에서 선수들이 해서는 안 되는 최악의 행동은 자기 팀이 다가오는 시합에서 승리할 것이라고 공공연하게 떠드는 것이다. 스포츠팀의 경우에는 그것이 불필요하게 상대를 자극할 수 있기 때문에 문제가 된다. 그러나 대부분의 팀에게는 목표로 하고 있는 성공을 공개적으로 선포하는 것이 도움이 될 수 있다.

구체적인 목표에 공개적으로 헌신할 각오가 되어 있는 팀은 목표 달성을 위해 열정적인 의욕을 갖고 일할 가능성이 아주 높다. 그저 "우리는 최선을 다할 겁니다"라고 두루뭉술하게 말하는 팀은 비록 의도적이지는 않더라도 벌써 미묘하게 실패에 대비하고 있는 것이다.

결과에 따른 포상

팀의 결과에 대한 포상을 구체적인 성과에 연계시키면 팀원들은 팀의 목표에 관심을 두게 된다. 물론 여기에만 의존하는 것은 문제가 될 수 있다. 왜냐하면 그것은 금전적인 동기부여가 행동의 유일한 추진력이라고 가정하는 셈이기 때문이다.

하지만 아무런 성과가 없는데도 단지 '열심히 했다'는 이유만으로 보너스를 주게 되면 팀원들은 결국 목표 달성이 그렇게까지 중요한 것은 아닐 수도 있다고 받아들이게 된다.

리더의 역할

리더는 팀의 결과를 중요시하는 분위기를 팀 내에 확실히 만들어야 한다. 만일 팀원들이 리더가 결과 말고 다른 것에 더 가치를 둔다고 느끼게 되면, 그들은 결과를 중요시하지 않아도 된다는 의미로 이해하려고 할 것이다. 팀의 리더는 주관적이어서는 안 되며, 언제나 객관적이어야 한다. 그리고 조직의 목표 달성에 진정으로 여한 사람들을 인정하고 보상해주어야 한다.

요약

여기에 유용한 많은 정보가 담겨 있긴 하지만 현실적으로 말하자면 궁극적으로 팀워크란 '몇 가지 원칙들을 오랜 기간에 걸쳐 꾸준히 실천할 수 있느냐'의 문제로 귀착된다. 팀의 성공 여부는 잘 짜인 이론을 숙달하는 데 달려 있는 것이 아니라, 꾸준한 연습과 인내심을 가지고 이 원칙들을 실천에 옮기는 데 있다.

아이러니하게도 팀원들은 너무나도 인간적이기 때문에 성공할 수 있다. 인간성이 갖고 있는 불완전성을 인지함으로써 기능적인 팀의 구성원들은 신뢰, 충돌, 헌신, 책임 그리고 결과에 대한 집중을 어렵게 만드는 인간의 타고난 성향을 극복할 수 있다.

캐서린의 시간 활용법

강력한 팀은 많은 시간을 함께 보낸다는 사실을 스토리 속의 캐서린은 알고 있었다. 그리고 그렇게 함으로써 실제로 그들이 혼란을 제거하고, 불필요한 노력과 대화를 최소화하며, 결국은 시간을 절약하게 된다는 것도 알고 있었다.

모두 다 합치면, 캐서린과 그녀의 팀은 각 분기마다 정례 회의로 8일의 시간을 소비했다. 그것은 한 달에 3일이 조금 안 된다는 의미다. 전체적으로 볼 때 그렇게 많은 시간이라고 생각되지 않지만 대부분의 경영팀은 이 정도의 시간을 함께 보내는 것조차 피한다. 그리고 그 시간에 '실질적인 업무'를 하는 편이 더 낫다고 생각한다.

경영팀을 운영하는 데는 수없이 많은 방법들이 있지만, 캐서린의 방법도 한 번쯤은 고려해볼 만한 가치가 있다. 다음은 그녀가 팀을 구축하기 위해 처음으로 사외 워크숍을 개최하면서 임원을 운영하기 위해 어떤 일을 했으며, 일정에 맞춰 시간을 어떻게 의미 있게 활용했는지 정리한 것이다.

연간 계획 수립 및 리더십 개발 회의(3일, 사외)
주제: 예산에 관한 토론, 중대한 전략적 계획에 대한 공유, 각종 계획 수립, 리더십 개발, 계단식 메시지 전달 등.

분기별 임원 회의(2일, 사외)
주제: 중요 목표 검토, 재무 점검, 전략적 토론, 직원의 업무수행에 관한 토론, 핵심문제 해결, 팀 발전, 계단식 메시지 전달 등.

주간 임원 회의(2시간, 사내)
주제: 핵심활동 검토, 목표 진척도 검토, 영업실적 검토, 고객 현황 검토. 전술적인 문제의 해결, 계단식 메시지 전달 등.

주제별 임시 회의(2시간, 사내)
주제: 주간 임원 회의 때 적절하게 다루어질 수 없는 전략적인 문제들 논의

감사의 말

이 책은 글을 쓰는 동안뿐만 아니라 교육과 경력 전반에 걸친 팀 노력의 결과입니다. 제 삶에서 중요한 역할을 해주신 분들께 감사드립니다.

먼저, 첫 번째 팀장인 아내 로라에게 감사를 표합니다. 당신의 무조건적인 사랑, 저와 우리 아들들에 대한 변함없는 헌신에 대해 제 감사를 적절히 표현할 수가 없네요. 그리고 곧 제 책 중 하나를 읽을 수 있게 될 매튜와 코너에게도 감사를 전합니다. 그들은 분명 '닥터 수스 시리즈'를 더 선호하겠지만요. 너희들은 나에게 항상 많은 기쁨을 줘.

다음으로 저는 '더 테이블 그룹(The Table Group)의 우리 팀'에게 진심으로 감사를 표합니다. 그들의 아이디어, 편집, 열정이 없었다면 이 책은 탄생하지 않았을 것입니다. 에이미의 우아한 판단력과 직감, 트레이시의 비범하면서도 끝없는 성실성, 카렌의 친절한 지원, 존의 세련된 지혜, 제프의 낙관적인 지성, 미쉘의 통찰력과 유머, 에린의 젊은 진정성. 저는 이들이 보여주는 헌신의 깊이와 질에 끊임없이 놀라고 감동받았습니다. 여러분은 제가 아는 어떤 팀보다 진정한 팀워크에 대해 더 많이 배울 수 있도록 도와주셨고, 그 점에 대해 깊이 감사드립니다.

부모님의 성원과 사랑을 알고 있습니다. 당신들께서는 항상 저에게 위험을 감수하고 꿈을 좇는 데 필요한 정서적 안전망을 주셨습니다. 그리고 당신들은 저에게 너무 많은 것을 주셨기 때문에 본인들 스스로는 많은 것을 가지지 못하셨습니다.

내 동생 빈스. 너의 열정, 강렬함, 그리고 관심이 항상 고마워.

또 다른 동생 리타마리. 너의 지혜와 사랑, 인내심은 해마다 점점 더 큰 의미가 되고 있어.

그리고 수백 명의 사촌, 숙모, 삼촌, 내 처가 식구들─렌시오니 가족, 샨레이 가족, 파누치 가족, 길모어 가족. 이 많은 분들과 멀리 떨어져 있지만 저에게 의미있는 관심과 친절을 보여주심에 감사드립니다.

배리 벨리, 윌 가너, 제이미, 킴 칼슨, 그리고 빈 부부, 엘리 부부, 패치 부부. 지난 몇 년 동안 여러분의 관심과 우정에 감사드립니다.

제 직장 생활 동안 저를 도와주신 많은 매니저와 멘토들에게 감사드립니다. 샐리 드스테파노, 당신의 자신감과 친절함에 감사 드립니다. 마크 호프먼과 밥 엡스타인, 당신들의 신뢰에 감사드립 니다.

항상 열정적인 누신 하셰미, 충고와 조언을 해주는 메그 휘트먼 과 앤 콜리스터, 격려와 우정을 보여주는 게리 볼레스에게도 감사 드립니다.

조엘 메나의 열정과 사랑, 릭 로블스의 지도와 가르침에 감사드 립니다. OLPH(Our Lady of Perpetual Help) 중학교, 가르세스(Garces) 고 등학교, 클레어몬트 매케나(Claremont McKenna) 대학의 선생님들과 코치님들께 많은 도움을 받았습니다.

더 건강한 조직을 만들기 위해 지난 수년간 저와 함께해주신 많 은 고객분들께도 감사드립니다.

제 에이전트 짐 레빈의 겸손과 탁월함에 대한 고집, 또는 제 아 내가 말했듯이 '겸손한 도우미'가 되어주신 것에 대해 특별히 감 사하고 싶습니다. 제 편집자 수잔 윌리암스, 당신의 열정과 유연 성에 감사드립니다.

조시-바스(Joshey-Bass) 출판사와 와일리(Wiley) 출판사 여러분의 끈기, 지지, 헌신에 감사드립니다.

마지막으로 무엇보다 중요한, 나를 있게 해주신 하느님 아버지 와 구주 예수님, 성령님께 감사드립니다.

옮긴이 │ **서진영**

연세대학교에서 경영학 학사를, 서울대학교에서 경영학 석사와 박사 학위를 받은 뒤, 성균관대
학교에서 철학 박사 학위를 받았다. 1997년 자의누리 경영연구원(CenterWorldCorp.)을 설립해
현대자동차, 삼성그룹, 마이크로소프트 코리아, 우리홈쇼핑 등 국내외 최고 기업에 전략, 인사평
가 컨설팅을 수행했다. 지은 책으로는 《서진영의 KBS 시사고전》 시리즈, 《스토리 경영학》 《사자
소학으로 배우는 인성교육》 등이, 옮긴 책으로는 《팀워크의 부활》 《승진 후 첫 100일》 등이 있다.

팀워크의 부활

개정 2판 1쇄 발행 2021년 10월 6일 **개정 2판 3쇄 발행** 2024년 8월 30일

지은이 패트릭 렌시오니
옮긴이 서진영
펴낸이 최순영

출판2 본부장 박태근
W&G 팀장 류혜정
디자인 이세호

펴낸곳 ㈜위즈덤하우스 **출판등록** 2000년 5월 23일 제13-1071호
주소 서울특별시 마포구 양화로 19 합정오피스빌딩 17층
전화 02) 2179-5600 **홈페이지** www.wisdomhouse.co.kr

ISBN 979-11-6812-011-2 03320